AF311807

LE VOLUPTUEUX

HORS DE COMBAT,

OU LE

DEFI AMOUREUX

DE

LYGDAME

ET DE

CHLORIS.

NOUVELLES POESIES GALANTES.
En François & Latin.

A CYTHEROPOLIS,

Chez PIERRE L'ARRETIN, Imprimeur de l'Academie des Dames, à la Venus de Gréce.

LE VOLUPTUEUX

HORS DE COMBAT,

ELEGIE.

ARGUMENT.

LE Héros du Poëme qui fuit, déguifé fous le nom de Lygdame, fe plaint dans cette premiere Piéce de n'être plus tel qu'il étoit à la la Fleur de fon Age, lorf-qu'il paffoit d'agréables momens avec fa Maîtreffe, que le Poëte déguife auffi fous le nom de Chloris.

A 2

ELEGIE.

Epuis que la Vieilleſſe a de ſes doigts de
    glace,
Frappé mon triſte front, & blanchi mes che-
    veux,
Je ne ſens plus en moi cette fougueuſe audace,
Qui cent fois me fit vaincre aux combats amou-
    reux.

    Grands Dieux ! qu'eſt devenu le feu de ma
    Jeuneſſe ?
Mon Apollon vieilli n'échauffe plus mes ſens,
Et dans mes os gliſſée une lente pareſſe,
Fait languir tout mon corps ſous le fardeau des
    ans.

    Et toi jadis ma gloire & mon bonheur ſu-
    prême,
V. . . . qui fut de B. . . tant de fois admiré !
Beau Membre qui dans l'homme eſt plus que
    l'homme même,
Tu languis dans ta peau triſtement retiré.

    Tu languis, Dieu camard, dont la vertu puiſ-
    ſante
Produit, & fait mouvoir tous les êtres divers,
Ranime dans un corps la nature mourante,
Rend la paix aux mortels, & peuple l'Univers,

Toï, vigilant Argus, Pere des doux men-
    songes,
Qui chaque nuit veillois pour servir mes de-
    firs,
Et qui pour moi prodigue en d'agréables fon-
    ges,
M'abbreuvois du Nectar des amoureux plaifirs.

Toi le nœud de l'Hymen & fa plus douce a-
    morce,
Le premier foin du Dieu qui préfide aux A-
    mours,
Le Nerf qui de l'Amant fait l'orguëil & la for-
    ce,
Son javelot, fa lance, & fon plus fûr recours;

Le joüet de l'Enfant, le charme du bel âge,
L'aiguillon dont Vénus fe fert pour l'exciter,
L'Amour de mon Iris, & fon plus doux par-
    tage,
Le fufeau que fa main fe plaît à tourmenter.

Si l'âge, en me rendant tout le corps immo-
    bile,
Ne m'eût laiffé de vie & de chaleur qu'en toi,
Le fort, dont je me plains, me trouveroit tran-
    quille,
Quiconque B . . . bien eft plus heureux qu'un
    Roi.

Mais ta tête, mon V . . . triftement abbatuë,
Eft le jufte fujet de mes plaintifs accens;
Tout tombe avec le V . . . mais quand il s'é-
    vertuë,
Il fait voir les plaifirs en foule renaiffans.

Il eſt de tous les biens la meſure infinie ;
Le repos des Epoux, le ſceptre bien-heureux
Sous qui chacun reſſent les douceurs de la vie,
Et qui ſeul fait regner & les ris & les jeux.

Tout éprouve à ſa vûë une allégreſſe entie-
re.
Heureux ceux qni remplis d'un jus luxurieux ,
Fourniſſent en bandant une longue carriere !
Ceux-là ſont animés du pur ſouffle des Dieux ,

Ils ſont l'Amour du Ciel : l'Auteur de la Na-
ture
Les forma d'un limon détrempé par ſes mains ;
Mais nous frêles vaiſſeaux d'étrangere ſtructure ,
Nous périſſons , d'argille ouvrages ſecs & vains.

Malheureux ! quel es-tu ? quel état pitoyable !
Quel es-tu, mon cher V . . . . Ah ! regrets ſuper-
flus ;
Tu languis, tu te meurs, la Vieilleſſe t'accable ,
Mon œil dans cet état ne te reconnoît plus.

Ce qui me fait encor plaindre mon infor-
tune ,
Et donne à ma douleur de lugubres ſoupirs ;
C'eſt que tu n'étois pas d'une taille commune,
Et que ton ſuc fécond nouriſſoit mes plaiſirs.

Quel V . . . étoit-ce alors ? quelle large encolure ?
Que de feu , que d'ardeur , que de courage
enfin !
Les Dieux verſans ſur moi leurs faveurs ſans
meſure ,
M'avoient voulu dotter d'un tréſor ſi divin.

Fier , écumant , fougueux , actif, plein de
souplesse ;
Toûjours prêt à frapper , & plus prompt qu'un
éclair ,
Menaçant de partir , & menaçant sans cesse ,
Toûjours le dard levé , toûjours la pointe en
l'air.

Lorsqu'il se roidissoit , & que couvert d'écu-
me ,
Dans toute sa grosseur il se montroit bandant ,
Quelle main en eût pû contenir le volume ?
De Neptune en fureur il sembloit le trident.

Soit que du doux Vallon il franchit le passa-
ge ,
Soit qu'au bout de sa course il reparut soudain ,
Il sçût toûjours du sexe emporter le suffrage ,
Et jamais ne pleura mollement dans leur main.

F . . . . au bras charnu , T . . . . la Teton-
niere ,
Cent fois en l'empoignant ont pâmé de plai-
sir ,
S . . . . au vaste C . . . M . . . . la Financiere ,
Saignent encor d'un coup trop cher à leur de-
sir.
Non , du séjour des morts la porte inébran-
lable
N'auroit pas un moment soutenu ses assauts :
Il eût du premier choc de sa tête indompta-
ble
A la fois renversé verroüils , gonds & pivots.

Vit-on jamais belier , canon , bombes , ma-
chines ,

Brifer auffi foudain les murs & les remparts ?
J'aurois lors d'Ilion hâté feul la ruine,
Et fait voler Athos en cent rochers épars.

Ah ! qu'eft-il devenu ce merveilleux ton-
    nerre,
Ce foudre dans mes mains fi traitable & fi doux,
Qui jadis me rendoit un Jupiter fur terre,
Et qui portoit toûjours d'inévitables coups.

Tu n'es plus, mon V . . . que l'ombre & le
    phantôme,
Tu n'es plus déformais que cendre, que va-
    peur,
Cadavre inanimé, vain & futil atôme ;
Toi dont G . . . . vantoit la force & la grof-
    feur,

Chaque jour entaffoit, pour relever ta gloire,
Triomphes fur triomphes & lauriers fur lau-
    riers :
Mon Amour fur tes pas enchaînoit la victoire,
Je marchois orguëilleux de tes exploits guer-
    riers.

Entre divers combats que foutint ton courage,
Et dont le plein fuccês te fût fi glorieux,
J'en veux rapeller un d'un fublime avantage ;
Le fouvenir des biens eft toûjours gratieux.

A l'appas du plaifir fouvent la douleur céde,
Et le récit des faits qu'on aime à raconter,
Devient des maux prefens l'agréable reméde,
Ou nous aide du moins à les mieux fuporter.

Mufes , mes Déités , montrés-vous moins
    craintives ,

Et chaſſant la pudeur de vos fronts ſourcilleux,
Conſacrés par des vers portés dans vos Archi-
      ves
Le tendre monument d'un combat amoureux.

    Les Ris & les Amours ne marchent pas ſans
      gloire,
La gloire ne ſuit pas toûjours la Volupté ;
Mériter d'avoir place au Temple de Mémoire ,
C'eſt avoir pour ſon nom beaucoup exécuté.

LE DEFI AMOUREUX
DE LYGDAME
ET DE
CHLORIS.

AU Printems de mes jours je connus une
      Fille ,
Dont je cheris encor le ſouvenir charmant ;
Son nom étoit Chloris , en mille jeux fertile ,
Capable d'enchaîner le plus volage Amant.

    Un jour une quérelle entre nous fut émûë ,
Dans l'ardeur de ſavoir , ſi par de vifs tranſ-
      ports
Un Garçon luttant nud contre une fille nuë ,
La pourroit exploitter malgré tous ſes efforts.

    La Fille , dis-je alors , tombe ſans réſiſtance ,
Son flanc d'un coup ſubit eſt d'abord tranſ-
      percé ;

Pour qui fçût efcrimer de la lubrique Lance,
Fille nuë en tout tems fût un triomphe aifé.

Erreur, trop vaine erreur, me dit Chloris
    en face,
La Fille en préfentant feulement le côté,
Se dérobe fans peine au coup qui la menace,
Et trompe de l'Amant l'effort précipité.

A ces tendres affauts fon propre feu l'excite,
Repondis-je, & ferrant la fille dans fes bras,
Il careffe le lieu que l'Amour même habite,
Y dirige fon dard, le place, entre en ébats.

Le Sexe rend, s'il veut, ce travail inutile,
Me repliqua Chloris ; quoi donc, penferiés-
    vous
Que lorfqu'il faut agir, il reftât immobile ?
Ah ! nous avons des bras pour repouffer vos
    coups.

L'Héroïne ! à vos mains aucun laurier n'écha-
    pe,
Lorfque vous combattés du gefte & du difcours ;
Mais las ! que feriés-vous à l'afpect d'un Priape ?
Vous rendriés bien-tôt la Ville & les Faux-
    bourgs.

A ce burlefque mot, Chloris effarouchée,
Effayons : je le veux, dit-elle, & non plus
    tard ;
Sa chemife à l'inftant de fon Sein détachée
Laiffe voir à mes yeux la nature fans fard.

O nudité charmante ! ô blancheur fans é-
    gale !

O Tetons rebondis ! ô Sein délicieux !
O Cuisses ! ô beau C . . . ô Ventre de Vestale ;
O Motte , Antre charmant , Palais digne des
    Dieux !

Dieux puissans en Amour que vos mains sont
    adroittes
Pour guider le pinceau qui trace ces portraits !
Il faut être vrayement , Grands Dieux , ce que
    vous étes ,
On doit vous reconnoître à de si nobles traits.

Oüi , ces feux éternels brillans dans l'Empi-
    rée ,
Les Celestes flambeaux , ces globes radieux ,
Ces tourbillons portés sur l'aîle de Borée ,
La Terre , les Enfers , & la Mer & les Cieux ;

De l'Univers enfin la vaste plénitude ,
Sont , je ne doute plus , l'ouvrage de vos
    mains.
De cette vérité portant la certitude ,
Chloris nuë est la voix qui l'annonce aux Hu-
    mains.

Pour moi voulant repondre aux vœux de
    mon Helene ,
Audacieux Rival , je m'avançai tout nud ;
Ma chambre étoit la lice , l'illustre & noble
    Arêne :

Nous avions pour témoins & pour Juges sin-
    ceres
Myrtile aux cheveux noirs en tresse ramassés ,
Et Clymene & Lyris , Nymphes sexagenaires ,
Qui vantoient à Venus leurs services passés.

Aux Athletes nouveaux pour escrimer en-
    semble ,
Ces antiques Circés offrent un lit moëlleux ;
Mais un lit fait rougir quiconque leur ressem-
    ble ;
Debout , front contre front ils luterent tous
    deux.

Qu'on me donne l'archet & la voix d'un Ho-
    mere
Pour chanter sur le ton Héroïque & Guerrier
Un combat suscité par le Dieu de Cythere ,
Qui promet au Vainqueur un immortel lau-
    rier.

Vous , taisés-vous haut-bois , taisés-vous luth ,
    musette ,
Cypris , ces instrumens sont trop foibles pour
    toi ;
Viens prêter à mes mains ta sublime trompette,
Divine Calliope , accours & soutiens-moi.

LE DEFI AMOUREUX
DE LYGDAME
ET DE
CHLORIS.

P O E M E.

Deja les deux Guerriers se tenoient en pre-
    sence ,

L'habit bas, le corps nud, dans un profond si-
    lence,
Brûlant de décider le point litigieux,
Qui partage & suspend leurs esprits furieux ;
Au destin des combats le fier honneur les li-
    vre,
Et leur renouvellant la loi qu'ils doivent sui-
    vre,
Les presse d'éprouver aux champs de Cupi-
    don
Si d'un Priape en rut le lubrique demon,
Peut vaincre & terrasser, en combattant contre
    elle,
Le Génie obstiné d'une femme rebelle.
Tous deux sont dans la fleur d'une âge vigou-
    reux,
Tous deux braves, lascifs, prompts, pétillans,
    fougueux,
Tous deux souples des reins, & d'une force é-
    gale,
Tous deux aiguillonnés par une ardeur rivale,
Et pénétrés du feu qu'allume dans leurs os
Le poison de l'Amour dont on brûle à Paphos.
    Chloris le cœur atteint d'une maligne joye,
L'intrépide Chloris tonne, éclatte, foudroye,
De ses yeux enflammés fait partir mille éclairs,
Et plus vîte qu'un trait qui traverse les airs,
Portant dans son regard une mâle assuran-
    ce,
Au milieu de l'Arène avec transports s'élance.
    Dans un superbe nœud ses cheveux ramassés
Retombent sur son front en aigrette dressés ;
On ne voit plus briller ni pendre à ses oreilles
Ses boucles à rubis de figures pareilles ;
Déja sont disparus ses pompeux ornemens,
Colliers & brasselets, perles & diamans ;

Un ruban que de Tyr embellit la teinture,
Sur sa jambe attaché fait toute sa parure :
Son corps est aussi nud que la Mere d'Amour,
Lorsque sortant des flots elle parut au jour.
    On peut donc contempler sans voile & sans
      nuage,
Des beautés de Chloris le Divin assemblage.
Attachés sur son Sein par des nœuds de Corail,
S'élevent à l'envi deux tendres Monts d'Email ;
La blancheur de ses flancs fait honte au plus beau
    Jaspe
Que l'Indien voit naître aux rives de l'Hydaspe :
Son Ventre délicat semble un amas de Lys,
Son Cul, son Cul charmant & ses côtés polis
Sont tels qu'ils eussent pû triompher d'un Nar-
    cisse.
Entre les deux piliers de l'humain édifice
Reluit, comme un bijou qui n'a point de pa-
    reil,
Des douces voluptés le Vaze au bord vermeil.
Si Chloris de son corps eut contemplé l'ivoire,
Chloris à s'adorer auroit borné sa gloire,
Et de ses membres nuds fait ses uniques Dieux.
Ainsi l'air menaçant & le feu dans les yeux,
L'audace sur le front, la luxure dans l'ame ;
La Guerriere Laïs prêt d'attaquer Lygdame,
Se campe sur ses pieds comme un Gladiateur,
Et du geste & de l'œil provoque son luteur.
    Telle étoit dans ces champs que le Schythe
      moissonne,
Au bord du Tanaïs une illustre Amazone,
Quand par des flots de sang son courage enflam-
    mé
S'excitoit au combat contre le Gete armé ;
Par un ferme rampart deffendant le passage,
Le cimeterre au poing, deffendant le rivage,

Elle ofoit menacer le Chef & les Soldats,
Prête à faire voler leurs membres en éclats.
    A l'afpect enchanteur de fa Rivale nuë,
Dont l'invincible attrait l'agite & le remuë,
Lygdame impatient de fureur tranfporté,
S'avance dans la lice en Athlete indompté,
Et fait voir à l'orgueil la valeur alliée.
Son V . . . dans cet abord la tête dépouillée,
Son fier V . . . maffe énorme, animal monf-
    trueux,
Prodige de vigueur, fpectacle merveilleux,
Se dreffe, fe hériffe, allonge un col horrible,
Et prefente une gueule écumante & terrible.
    Cependant le lutteur veillant de toutes parts,
Promene fur Chloris fes avides regards,
Il examine, il voit par quel coup favorable
Il peut fe faire jour à l'Antre délectable,
Et cherche à découvrir un endroit mal gardé,
Vers qui tourner l'effort de fon Membre bandé.
Il montre de fon corps les nerfs & l'encolure,
Et menace Chloris du poids de fa ftature.
    Tel Hercule parut, fa maffuë à la main,
Lorfqu'il ofa d'un bras plus ferme que l'Airain,
Attaquer fur les bords de l'aride Lybie
Le Géant enfanté par la Terre en furie.
Là, faifant voir tout nud fon flanc large & pou-
    dreux,
Sa taille Gigantefque & fes membres nerveux,
Il cherchoit à faifir fon terrible adverfaire;
Et malgré les fecours de fa rebelle Mere,
Dans les vaftes replis de fes bras entr'ouverts
Tentoit de l'étouffer fufpendu dans les airs.
Déja la Volupté déployant fa banniere,
Ouvroit aux Combattans une libre carriere,
Leurs cœurs étoient enflés d'Hérotiques poi-
    fons,

Et

Et leurs esprits piqués de preſſans aiguillons ;
Quand plus prompt que le vent, d'une courſe
    ſubite
Lygdame ſur Chloris fond & ſe précipite ;
Par le contour des reins il voudroit l'embraſſer,
Afin que d'un trait ſûr venant à la percer,
Il pût du premier coup achever ſa défaite,
Et rendre de l'Amant la victoire complette.
    Mais Chloris ſur ſes pieds auſſi ferme qu'A-
    tlas ,
Soutient tous les aſſauts ſans reculer d'un pas ,
Elle oppoſe ſes mains à tout effort contraire ,
S'en fait un bouclier contre ſon adverſaire,
Lui montre de ſes doigts le rempart hériſſé,
Et le voyant venir dans ſa courſe élancé
Imprime ſur ſon front ſes ongles infléxibles.
    L'Athlette épouventé de ces foudres terri-
    bles
S'ébranle, ſe confond, recule en frémiſſant ;
Habile à profiter de ſon trouble naiſſant ,
Sa Rivale le ſuit, & d'un air intrépide
Sur lui touche à deux poings, le charge & l'in-
    timide.
Ses femmes par l'éclat d'un bruit tumultueux
S'empreſſent d'aplaudir à ſes efforts heureux ,
Cupidon qui la voit au travers d'un nuage ,
D'un ſourire malin honore ſon courage.
    Comme un Dogue fougueux dans les Neuf-
    triques champs
Saiſit d'une Geniſſe ou l'oreille ou les flancs ;
Dans ſes premiers accès ſi la ſuperbe bête
Le force à lâcher priſe en ſecoüant la tête :
Il ſe mutine alors, il devient furieux ,
Et plein d'un noir dépit, le trouble dans les
    yeux ,
Aboyant d'une voix plus terrible & plus forte ,

B

Il vole de rechef où sa fougue l'emporte,
Saute sur l'animal, & les dents sur son dos
Va bien-tôt de son sang faire couler des flots.
  Ainsi Lygdame en proye au courroux qui
    l'enflamme,
Aigri par la douleur de sa déroute infâme,
Retourne sur Chloris comme un flot écumeux
Poussé par l'Aquilon contre un banc sablon-
    neux.
Chloris céde d'abord, & du choc le plus rude,
Evite la rencontre en changeant d'attitude.
Il la suit, emporté d'un cours plus véhement ;
Bien-tôt pieds & mains, tout entre en mouve-
    ment,
Tous deux front contre front se choquent, se
    meurtrissent,
Tous deux bras contre bras se bandent, se roi-
    dissent.
  Quelle main, par les traits d'un excellent pin-
    ceau,
Pourroit representer dans un heureux tableau
Le Dedale infini des routes redoublées,
Des évolutions, des fuites simulées,
Des cercles tortueux, des tours & des retours
Qu'on leur voyoit décrire en s'agitant toûjours ?
Qui pourroit retracer leurs rufes, leur adresse,
Leurs assauts, leurs combats, leur force, leur
    souplesse ?
Quand je ferois dans l'air fur Pegase monté,
De l'esprit d'Apollon atteint & tourmenté,
Et vraiment enivré des vapeurs d'Hypocrêne,
Je n'aurois pas assez de force ni d'haléne.
  Lygdame enfin plus fort lui porte fur les
    reins
Le joug tendre & pressant de ses lascives mains ;
Plus Chloris se fait voir rebelle & mutinée,

Plus son Rival l'étreint dans ses bras enchaînée.
Alors Ventre sur Ventre, alors Sein contre Sein,
Il la froisse , il la presse, il hâte son dessein ;
Et jusqu'aux bords heureux de l'amoureux Mys-
    tere,
Il conduit tendrement , & dirige avec art
L'Aiguillon hérissé de son terrible Dard.
Ce que dans ses ébats la Jeunesse effrénée ,
Et la luxure en feu dans un cœur déchaînée
Peut fournir de vigueur , il l'épuise à lutter ,
A pousser, à darder, à piquer , à pointer ;
Il l'eût . . . . . mais des deux corps la mesure iné-
    gale
Rabbat ses coups pressés & deffend sa Rivale ;
Le front au-dessus d'elle , il frappe un doigt trop
    haut ,
Et son Dard tout honteux revient de cet assaut
Sans avoir joint le but où son effort l'adresse.
L'Amant qui s'aperçoit du deffaut de justesse ,
Et sent qu'il lui faudroit un niveau plus égal,
Maudit de sa grandeur l'avantage fatal ,
Qui dissipe en regrets sa vaine tentative.
    Pour s'arracher des bras qui la tiennent cap-
    tive ,
Cent fois Chloris s'agite , & cent fois ses ef-
    forts
Irritent , mais envain, sa fougue & ses trans-
    ports :
Elle en rougit de honte , & de rage animée ,
Faisant craquer ses dents dans sa bouche enflam-
    mée ;
Lâche , lâche les nœuds dont tu m'oses serrer ,
Dit-elle, ou de mes dents , je vais te déchirer.
» Que je te lâche ? Non , non , dit Lygdame en
    colere ,
» Non , ne l'espere point , indocile Megere ,

» Je te tiens dans mes fers & te tiendrai toû-
    jours
» Jufqu'à ce que je puiffe , au gré de mes A-
    mours ,
» Voir par de-là tes flancs cette Pique enfoncée,
» Et que d'un trait hardi de part en part per-
    cée ,
» Je te laiffe à guérir aux mains de ta Lyris.
Traitre , replique-t'elle , avec d'horribles cris ,
Tu lâcheras , j'en jure Hecate , Tifyphone ,
Et le jufte courroux dont mon ame boüillonne :
Elle dit , & déja pleine d'un fiel ardent ,
Elle fond fur Lygdame à coups d'ongles & de
    dent ;
Sur fa tête & fes bras va porter le ravage :
Arrache fes cheveux , déchire fon vifage ,
Et du trifte Lutteur à fes excès livré
Montre bien-tôt aux yeux le corps défiguré ;
    Déja fes membres nuds tous couverts de mor-
    fures
N'offrent plus aux regards qu'un amas de blef-
    fures ;
L'un & l'autre fourcil déja tombe arraché :
Déja fon fang vermeil triftement épanché ,
D'une vive rougeur peint fes tempes livides ,
Et ruiffelle à longs flots fur fes lévres humides.
Pour achever d'abbattre un Rival malheureux ,
Chloris lui plonge encor les ongles dans les
    yeux.
Helas ! que fera-t'il dans ces revers extrêmes ?
Sa force l'a quittée , fes bras tombent d'eux-mê-
    mes ,
Et fon fort ne lui laiffe au milieu de fes maux ,
Que d'inutiles vœux & de triftes fanglots.
Quelle étoile a réglé l'inftant de ta naiffance ?
Malheureux ! tes plaifirs , ta plus douce efpéran-
    ce ,

Par de cruelles dents font déja moissonnés :
Tu vois encor, tu vois tes membres décharnés,
& tes lauriers tranchés par l'ongle d'une femme,
Tandis que ta Chloris triomphe dans son ame
D'avoir sçu dégager de tes liens lascifs
Ses membres délicats que tu tenois captifs.
    Là cependant Myrtile un linge en main s'em-
      presse
D'étancher la sueur du Sein de sa Maîtresse.
Plus loin sur un sopha, le cœur gros de sou-
      pirs,
Abbatu non dompté, toûjours plein de desirs,
Lygdame qui du choc ne respiroit qu'à peine
Rapelle sa vigueur, & reprend son haléne ;
Tantôt dans le transport de ses sens agités,
Il cherche sur son front ses cheveux emportés ;
Tantôt avec la main il interroge & sonde,
D'une cuisse ou d'un bras la blessure profonde,
Et tantôt laisse errer ses regards dédaigneux.
    D'un superbe Lyon tel est le trouble affreux,
Lorsque dans un désert hérissé de broussailles,
Théatre coutumier de ses nobles batailles,
Il a long-tems lutté contre un Tigre en fureur ;
Après les jeux cruels d'un combat plein d'hor-
      reur,
Le farouche animal sous l'ombrage tranquile
D'un hêtre ou d'un sapin, son maternel azile,
Haletant, essoufflé, sur son dos étendu,
Se remet à loisir du sang qu'il a perdu.
Là dans le noir accès de sa jalouse rage,
Qu'anime d'un Rival l'odieux avantage,
Il léche ses longs crins hérissés & sanglans
Du sang qui coule encor de ses énormes flancs.
    La paix céde au travail qu'un nouveau jeu ra-
     méne ;
Chloris de sa victoire insolente & hautaine,

B 3

Dans le plaisir malin d'insulter au vaincu ,
Cherche un nouvel éclat à sa mâle vertu.
Impudente Venus , Gitonne audacieuse ,
D'un spectacle profane Actrice frauduleuse ;
Le postique Visage insolemment tourné
En face du Lutteur surpris & consterné ,
A l'outrage mêlant le geste & la gambade ,
De son Anticelulle elle offre la façade.
  Frappé de cet objet qui le met en fureur ,
Et rallume en ses sens une nouvelle ardeur ,
L'Amant , pour s'élancer , fait deux pas en arriere ,
Et d'abord saisissant sa Venus par derriere ,
S'empare du détroit de ses deux Monts Gé-
    meaux ,
Et dans l'enfoncement de leurs sommets égaux ,
Plante le Sceptre heureux du bouillonnant Pria-
    pe.
L'Amazone troublée au coup dont il la frappe :
Des Doüegnes par ses cris reclame le secours :
Ces Circés , à sa voix , précipitent leurs cours.
Perfide , dit Climene , où va ton impudence ?
Où prétens-tu grimper ? quitte cette éminence :
C'est un lieu que Cypris deffend à tes regards ,
Va , va porter ailleurs tes sacriléges Dards ,
Et descens dans l'Arêne où la gloire t'appelle.
Les Doüegnes se prêtant une main mutuelle ,
L'arrachent à l'envi du poste deffendu ,
Que tâchoit d'emporter son V ... toûjours
    tendu.
Race de ce démon que frappa le tonnere ,
Lorsqu'à l'humaine espéce il déclaroit la guerre ,
Reste impur des Typhons , de la Terre excré-
    mens ,
Indigne de nos feux , & des contentemens
Qu'aux cœurs bien enflammés un sage Amour
    aprête ;

Fuis, fuis loin de ces lieux, lui crie à pleine
    tête,
La charmante Chloris, qui flattoit de la main
Son Cul déja faifi d'un tremblement foudain.
    Il fe rit des difcours, il fe rit des reproches ;
Son V . . . qu'ont enhardi fes dernieres appro-
    ches,
Paroît de plus en plus terrible & monftrueux,
Enflé par les vapeurs du coteau fourcilleux,
Il femble en fon volume un baftion énorme,
Et d'un tronc dépouillé portant la vafte forme,
Prefente aux yeux furpris un horrible arcboutant.
Il eft tel qu'il pourroit mefurer en f . . tant
Les immenfes replis de la Vulve profonde,
Qu'ouvre dans fes ébats la Déefle de l'Onde,
Du viel C . . . de Cerés fonder les noirs cachots,
Et d'un Sperme Fécond inonder à grands flots
La Matrice & les flancs de la nature entiere,
Au point de concevoir ces globes de lumiere,
Ces péfans tourbillons, & ces corps radieux
Que leur activité fait mouvoir dans les Cieux,
Les foudres de l'Olympe, & ces affreux tonner-
    res,
Qui dans les airs émus femant d'horribles guer-
    res,
Viendront détruire un jour l'accord des Elémens,
Et du monde ébranlé frapper les fondemens.
    Telle étoit pour fignal d'une guerre fatale
A la fuite de Mars la trompe Coloffale
Du Monftre Lybien, qui marchant au travers
Des monts par le vinaigre & par la flamme
    ouverts,
Porta d'un pas terrible aux champs de l'Hefperie
Le fuperbe Annibal venant avec furie
Brifer le Capitole, & cacher fous fes tours
Rome & tous les Romains qui trembloient pour
    leurs jours.

Le Guerrier étonné contemple le prodige
De son V . . . qui par bonds en Coloſſe s'érige.
Les regards attachés ſur cet objet flatteur,
Chloris en fait paſſer l'appas juſqu'à ſon cœur,
Et déja s'applaudit a l'aſpeƈt d'un orage,
Qui menace ſes ſens d'un aimable naufrage ;
Craignant qu'un faux dehors ne faſcine ſes yeux,
Elle oſe s'aprocher d'un air myſtérieux,
Et va toucher la bête à l'épaiſſe criniere :
L'animal qui la ſent leve ſa tête altiere,
Ecume, ſe mutine, & frémit de fureur.
    Cependant le tein blême & l'œil plein de dou-
      leur,
Reſolu de confondre une audace trop vaine,
Lygdame ſe preſente au milieu de l'Arêne,
Et là, tel qu'on l'a vû, ſanglant, défiguré,
Il tourne vers les Cieux le déplorable reſte
D'un Viſage meurtri par une ongle funeſte,
    Fille des flots, Déeſſe à nos douleurs ſenſible,
De l'un & l'autre Amour Mere douce & paiſible;
Toi qui vois dans Paphos les timides Mortels
Humblement proſternés aux pieds de tes Autels,
A qui dans le ſecret de ſes retraites ſombres,
L'Idalie a voüé ſon ſilence & ſes ombres :
S'il eſt vrai que Lygdame à la fleur de ſes ans
Combatte avec honneur ſous tes drapeaux flot-
    tans :
Si les tendres plaiſirs qu'on goûte ſans allarmes,
Si les Ris & les Jeux ont pour toi mille charmes,
Deſcends du haut du Ciel, & regarde en cour-
    roux
Ce front & ces cheveux, ces morſures, ces
    coups,
Trop fidéles témoins du malheur qui m'oppri-
    me :
Chloris en eſt l'auteur, qu'elle en ſoit la viƈtime;

Venus qui par ſes loix proſcrit la cruauté,
D'un infléxible cœur ne fait point vanité.
On ne te vit jamais à toi-même contraire,
Meurtrir ton cher Troyen d'une dent ſangui-
    naire,
Quand près du Simoïs dans les champs Phry-
    giens,
Il s'uniſſoit à toi par les plus doux liens :
Tu te montres toûjours à ton Mars acceſſible,
Encore qu'il paroiſſe avec un front terrible,
Qu'il raporte à tes pieds de l'horreur des com-
    bats ;
Ton amour empreſſé le reçoit dans ſes bras,
Sa fiere pique en main, hideux & tout farouche
Du carnage & du ſang que reſpire ſa bouche.
Quelquefois dans ſon champ au milieu des ha-
    zards,
Tu prends de doux ébats ſur des monceaux de
    dards,
Mêlant à ces traits teints des membres du Sar-
    mate
Mille & mille baiſers où la tendreſſe éclatte.
Ma barbare adverſaire au mépris de tes loix,
Enfonce dans ma chair & ſes dens & ſes doigts :
Oüi, tout nud que je ſuis, couvert de cicatrices,
Quand je cherche l'azile où regnent les délices,
L'ingratte me repouſſe, & m'en ferme l'accès :
Par des excès plus grands reprime ſes excès,
Et ſouffle dans ſon Sein ces fureurs vangereſſes
Qui rangent ſous ton joug les plus fieres Tigreſ-
    ſes ;
Ou plû-tôt prête-moi, Mere de Volupté,
Prête-moi le ſecours de ta Divinité,
Pour forcer de ce cœur la dureté rebelle.
Si par tes traits puiſſans je dompte la cruelle,
Si le ſuccès reponds à mes tendres ſouhaits,

Reçois dès-lors, reçois le vœu que je te fais
De voyager par-tout où Venus adorée
Voit par de purs encens sa gloire consacrée.
J'oserai visiter les rivages heureux
D'Amathonte, séjour des soins voluptueux,
Cos, où dans un tableau tracé des mains d'A-
 pelles
Tu respire du Ciel la lumiere immortelle,
La Sicile ou l'Erix sur ses sommets dorés
T'éleve des Autels de mille fleurs parés,
Et Cythere où l'éclat de ta naissance illustre
Semble encor à ses bords donner un nouveau
 lustre.
Sous l'apareil pompeux d'un Pélerin vanté,
Le scapulaire au col & la gourde au côté,
Et le bourdon en main, paré d'une guirlande,
A ton Temple j'irai te porter mon offrande,
Et rendre un humble homage à tes charmes Di-
 vins ;
J'irai sur tes Autels repandre à pleines mains
Des roses & des lys, heureux presens de Flore,
Que le Ciel te destine, en les faisant éclorre ;
De mon encens brûlé les humides vapeurs
A ton Trône élevé porteront leurs odeurs,
Et tes Temples ornés de festons magnifiques,
Feront voir suspendus à leurs fameux Portiques,
D'un triomphe commun, monument reveré,
L'image d'un Priape en cire figuré.
 Quelle erreur, dit Chloris, qu'elle erreur te
 fait croire
Que Venus dédaignant l'intérêt de sa gloire,
Pourra prêter l'oreille à des vœux insensés,
Et voudra, pour servir tes desirs empressés,
Livrer son Sexe même en proye à ton caprice,
Chloris sur-tout Chloris voüée à son service.
La Déesse, crois-moi, tranquille dans les Cieux,

Se fait de ta difgrace un jeu malicieux,
Et tes vœux font pour elle un fujet de rifée.
    Si pourtant par Venus ta priere exaucée,
De fon Divin fecours peut flatter ton efpoir :
Qu'elle arme contre moi fa force & fon pou-
        voir,
Et vienne fous fon nom me declarer la guerre;
Ce qu'elle eft dans les Cieux, je le fuis fur la
        Terre.
    Mais Venus entendant ce difcours plein d'or-
        guëil
Prepare à fon audace un finiftre cercuëil ;
Elle infpire au Guerrier une vigueur nouvelle,
Et prête à fes defleins fa puiffance immortelle.
Déja les Combatans après un court repos,
Volent d'un pas rapide à des combats nouveaux;
L'un fans cheveux au front, horrible, épou-
        vantable,
Et le Membre dreffé, toûjours inéxorable ;
L'autre pleine d'appas, les Tetons rebondis,
Et flottans fur fon Sein aufli blancs que les lys :
Ils fe heurtent l'un l'autre, & leurs bras fe con-
        fondent,
Les lambris agités à leurs affauts repondent,
Et les Doüegnes témoins de ces chocs effrayans,
En fentent dans le cœur tous les coups fou-
        droyans.
    Tels font deux fiers Taureaux dans les gras pâ-
        turages
Que bordent du Strymon les fertiles rivages,
Quand du premier combat l'Armiftice expiré
A ramené l'horreur du meurtre differé,
Plus vîte qu'un tonnerre entraîné par fa chûte,
Les fiers animaux retournent à la lutte,
Et par le bruit confus de leurs coups redoublés,
Font retentir les champs fous leurs pas ébranlés.

Le Berger qui les voit d'une roche prochaine
N'ose pour les calmer descendre dans la plaine;
Tout le Troupeau, qu'émeut ce spectacle tou-
    chant,
A leurs chocs mutuels repond en mugissant:
Et le bois étonné craint leurs cornes brûlantes.
    Soigneux de se soustraire aux atteintes san-
    glantes
Des ongles de Chloris dont il est menacé,
Lygdame dans son cours promptement élancé,
Des chaînes de ses bras veut serrer sa Maîtresse,
Et repousse ses mains qu'elle oppose sans cesse;
Mais Chloris éludant le rusé Combatant,
Fuit avec soin les liens & les nœuds qu'il lui tend.
    La bataille s'échauffe, & leur ardeur s'irrite,
Un dépit violent les pousse & les agite,
D'une égale fureur ils s'animent tous deux;
Point de fin, point de paix, point de relâche
    entre eux.
Ils parcourent d'abord d'un mouvement rapide
Lit, chaises & fauteüil, & toute espace vuide.
Tour à tour à la charge on les voit revenir:
L'un s'efforce d'atteindre, & déja croit tenir,
L'autre avec art lui céde, & de ses mains échap-
    pe,
Chloris fuit, & bien-tôt Lygdame la ratrappe;
Leur voix dès-lors se tait, de peur qu'un vain
    discours
De leur brûlant travail n'interrompe le cours.
    Le feu sort de leurs yeux, leur visage s'allu-
    me,
Leur bouche se remplit d'une sanglante écume,
La rage de leur cœur s'empare avec éclat,
Et leur corps reste en proye au demon du com-
    bat:
Leurs os, en se choquant, d'un bruit sourd re-
    tentissent,

Leurs membres confondus , en se pressant , fre-
 missent ,
Et comme les clairons & les signaux de Mars
Excitent les Guerriers à l'aspect des hazards ,
Les élans embrâsés de leur frequente haléne ,
Les longs frémissemens qu'ils poussent avec pei-
 ne ,
Et les efforts hardis de leur mâle vigueur ,
Du dépit qui les presse animent la fureur.
 L'Athlete , pour dompter sa Rivale indocile ,
Ne trouvant dans ses bras qu'une force stérile ,
De divers mouvemens emprunte le secours ;
Il la promene exprès de détours en détours ,
Et lui faisant décrire un nouveau labyrinthe ,
Il la rend le joüet de l'art & de la feinte ;
Puis dans un tourbillon rapidement porté ,
Il l'entoure deux fois d'un cours précipité ,
Et du choc de Priape alors qu'il la menace ,
De son corps qu'il saisit il enchaîne la masse.
La Belle se confond & ses dents & ses mains ,
Instrumens de fureur , aiguillons inhumains ,
Sont enfin devenus des armes inutiles.
Ses membres enchainés sont malgré eux tran-
 quilles ,
Et d'ailleurs le visage obliquement tourné ,
Lygdame à ses fureurs n'est plus abandonné.
 De mes cheveux , dit-il , victimes de ta rage ,
Et de mon front sanglant expie enfin l'outrage ;
Venus ressent les maux d'un Amant opprimé ,
Et pour me secourir son courroux s'est armé.
Vers l'Alcolve à ces mots le Lutteur en colere
D'un bras victorieux pousse son adversaire ;
Mais Chloris tenant bon contre son fier Rival ,
Ils chancellent tous deux panchés d'un poids é-
 gal.
 Tels sur le Mont Ida sont deux Cyprès subli-
 mes ,

Qui voisins l'un de l'autre entrelassent leurs ci-
    mes,
Lorsque des flancs profonds du Nord & du Mi-
    di,
Avec grand bruit contre eux lancés d'un vol
    hardi,
Deux Vents, freres mutins, furieux adversaires
Les battent à l'envi par des souffles contraires :
Jusqu'en terre d'abord leurs fronts semblent bais-
    sés ;
Mais par leur propre poids vers le Ciel redressés,
Ils reprennent bien-tôt leur assiette premiere.
Enfin Chloris s'ébranle, & retourne en arrie-
    re ;
Lygdame l'entraînant sous le poids de son corps,
Bien-tôt du fatal lit lui fait toucher les bords :
Alors entre la couche & son ventre placée,
Ainsi qu'entre deux ais il tient Chloris pressée.
    Quel coup peut désormais, jeune & vaillant
    Lutteur
Ravir le laurier conquis par ta valeur ?
La Victoire pour toi s'ébat à pleines aîles,
Et promet à ton front des palmes immortelles.
Devant tes pavillons tu vois, tu vois couchés
Les drapeaux de Chloris de ses mains arrachés.
Courage, cher supôt de l'amoureux Empire,
Transperce un ennemi qui déja se retire,
Et d'un pas triomphant escalade ce fort
Dont tu viens de saisir le difficile abord.
Lygdame auroit tout vû céder à son audace,
Et du premier assaut eût emporté la place ;
Mais par un prompt retour de son activité,
Sa Rivale sous lui se tourne de côté :
D'un effort imprévû ses cuisses enlassées,
Et l'une contre l'autre étroitement pressées,
Aux traits de l'Assaillant opposent un rempart,

Et couvrent le Château d'un nouveau boule-
 vart.
 A l'aspect de ce mur , barriere si fatale ,
Obstacle qui retient son ardeur Martiale ,
Le jeune Athlette emprunte , au deffaut de ses
 bras ,
D'un discours enchanteur & la force & l'appas ,
Et les tendres accens d'une plainte touchante ,
Dont il prétend fléchir le cœur de son Amante.
Faisons tréve , dit-il , à nos emportemens ,
De Rivaux obstinés , redevenons Amans ,
Assez de sang , Chloris , a durant notre guerre
Signalé nos fureurs & souillé cette terre :
Fléchissés , fléchissés un aveugle courroux ,
Ne vous refusés pas aux transports les plus doux ,
Et des jeux de Cypris permettés-moi l'usage ,
A moi qui de vos dents ai soutenu l'orage :
Votre honneur désormais ne craint plus de re-
 vers ,
Mes membres par vos mains de blessures cou-
 verts
Vous ont-il pas donné la premiere victoire ,
Et de mon propre sang cimenté votre gloire ?
Souffrés donc que ma main cüeille un second
 laurier ,
Après que vous avés moissonné le premier.
Oüi vous avés vaincu , mais laissant vaincre un
 autre ,
Mon triomphe sera moins le mien que le vôtre.
Craignés d'être invincible aux dépens des plai-
 sirs ,
Et sur vos sentimens consultés vos desirs.
Non , je n'implore point un cœur dur & sau-
 vage ,
Une affreuse Tygresse avide de carnage ,
En Nymphe trop aimable un monstre transfor-
 mé ;

J'implore Chloris même, objet vrayment aimé,
Et que je tiens ferré de chaînes prétieufes ;
    Je pourrois déranger vos treffes gratieufes,
Je pourrois rejetter fur votre Sein fleuri
L'amertume des coups dont vos bras m'ont
        meurtri,
Et ravager ces lys & ces boutons de rofe,
Où fur votre beau Sein le tendre Amour repo-
        fe ;
Mais j'aime mieux fouffrir, j'aime mieux par-
        donner,
Qu'aux douceurs de punir jamais m'abandon-
        ner,
Que de defigurer par des marques fanglantes
Cette bouche, ce front, ces paupieres brillan-
        tes,
Et ces Tetons, ma joye au milieu de mes maux,
Ces Tetons exercés par mille & mille affauts ;
Je baiferai plû-tôt vos yeux remplis de charmes,
Et ces globes de neige à qui tout rend les ar-
        mes ;
Vous gorge, vous beaux yeux, vous vifage ver-
        meil,
Recevés les baifers d'un Amant fans pareil.
Ces baifers font pour vous, yeux, Soleils favo-
        rables,
Ces baifers font pour vous, Tetons gemaux ai-
        mables,
Ces baifers font pour vous, lévres, brillant Co-
        rail,
Et ces autres pour vous, Tein plus beau que l'E-
        mail :
Ce font là les fureurs, ce font là les morfures
Dont je prétens fur vous laiffer les meurtriffu-
        res.
    A ces mots, quelle ardeur ! autant que fur fes
        bords   Le

Le Pactole opulent fait briller de thrésors ;
Autant que le jardin des tendres Hespérides
Porta de fruits dorés dans ses vergers splendides ;
Et qu'aux jours du Printems la Pouille voit de
    fleurs
Emailler ses gazons de diverses couleurs ;
Autant sur son Visage où brille la Jeunesse,
Autant sur son beau Sein, Trône de la tendres-
    se,
Lygdame plein de feu entassé de baisers.
Chloris de ces douceurs affronte les dangers,
Bien que ses doigts captifs trahissent sa querelle,
Qu'elle sente un Priape instrumenter sur elle,
Toûjours à son Lutteur elle ose resister,
Regimbe aux tendres coups qu'elle se sent por-
    ter,
Et detourne en fureur le Visage & la tête.
Après qu'un court relâche eut calmé la tempê-
    te ;
N'espere pas, dit-elle, infâme seducteur,
Me prendre au piége adroit d'un langage flat-
    teur :
Ah ! je puis triompher de tes vaines caresses ;
Envain, envain Venus, le fleau des Déesses,
L'impudique Venus, la Coquette des Dieux,
Entraînée au torrent de tes perfides vœux,
S'éloigne du séjour de la Voûte azurée,
Et suggére à ton ame aux fourbes preparée
La feinte, les transports & les déguisemens
Que son Amour employe à flatter son Amant,
De sa faveur sur toi je reconnois la trace,
C'est elle qui t'inspire & la force & l'audace,
Et qui tient par tes mains mes membres enchaî-
    nés,
Ne crois pas voir pourtant tes projets couron-
    nés.

C

Ne crois pas arriver au lieu que tu defires,
Vers ce lieu fortuné vainement tu foupires.
Si mes dents ni mes mains ne peuvent rien pour
    moi,
Il me refte des traits qui fuffiront pour toi.
De mes genoüils croifés le boulevard folide
Peut feul me foutenir contre un Guerrier per-
    fide.
    En cet inftant Lygdame plein d'un nouveau
    dépit,
Pouffe, tonne, menace, éclatte, fe roidit,
Et tâche d'entrouvrir les jointures preffées
Des Cuiffes de Chloris malignement croifées:
Inutile travail, effort vain & fans fruit,
Il fe trouve épuifé fans avoir rien produit.
    Mais Venus s'irritant de l'affreufe infolence
Dont l'altiere Chloris a bravé fa puiffance,
De haine & de courroux fe fent le cœur épris,
Quitte, pour fe vanger, les Céleftes Lambris,
Et fous l'obfcur manteau d'un humide nuage
Qui voile aux yeux mortels l'éclat de fon Vi-
    fage;
Elle aborde la chambre, & marche fans éclat
Jufqu'au lit, le théatre & le champ du combat.
Alors d'un doitg trempé dans l'humeur inteftine
Qui coule du canal de fa Vulve Divine,
Elle offre à l'odorat de l'Athlete abbattu
Un Philtre tout-puiffant par fa prompte vertu,
Médicament nitreux, effence fulfurée,
Que ne peut foutenir l'Epoux de Cythérée.
Dès que Vulcain fe fent parfumé de ce jus,
Le corps en rut, les nerfs allongés & tendus,
Il s'enfuit à Lemnos, brûlant d'un feu lubri-
    que;
Là, d'un air furibond entrant dans fa boutique,
Il iroit enc.... les Cyclopes tremblans,

S'ils ne se déroboient à ses accès brûlans.

Déja du chaud Nectar l'immortelle fumée
Sortant à longs replis de sa Couille enflamée,
Et de son V . . . qui heurte & par haut & par
        bas,
Des Spectateurs troublés frappe les odorats ;
Ainsi que les encens qu'aux plaines Arabiques
Brûlent sur leurs Autels cent Prêtres Fanatiques,
Ainsi que les parfums des précieux arbrisseaux
Qui couvrent de l'Oreb les fertiles côteaux,
Tandis que dans les airs Zephire se promene
Ou sur le Sein de Flore agite son haléne ;
Et tels du haut Liban les bois délicieux
Distillent dans les airs leur baume précieux.

Les Penates tapis dans leur foyer paisible
Se sentent pénétrés de ce Philtre invisible,
Et de l'air d'alentour absorbent la fraîcheur ,
Dans un gouffre embrâsé d'écume & de chaleur.
Tout prend feu ; les ridaux , les draps , les cou-
        vertures ,
Les planchers , les fauteüils , les tapis , les four-
        rures.

L'Amazone livrée à la démangeaison
Sent toutes les ardeurs d'un caustique poison ;
A force de gratter la Douegne se déchire ,
Tout Mâle en ce logis après le C . . . soupire.
Miracle enfin nouveau , prodige inattendu !
L'imperceptible F . . . est partout repandu.

Mais Lygdame surtout , le boüillonnant Lyg-
        dame
A qui le suc Divin avoit pénétré l'ame,
Avoit de veines en veines avec son sang
        mêlé
Dans ses nerfs , dans ses os rapidement cou-
        lé ,
Lygdame enfin s'avance , & se met en pos-
        ture ,

Terrible & revêtu de toute son armure.
Mille chaînes de fer avec leurs nœuds d'ai-
    rain
Pour ce nouvel Athlas seroient un foible frein,
En vain les fiers Titans, & leur horrible es-
    corte
Opposeroient pour digue à l'ardeur qui l'em-
    porte
Et l'Olympe & l'Ossa l'un sur l'autre entas-
    sés,
Avec tous leurs rochers par monceaux ramas-
    sés,
Pour soûtenir le choc de ses fougues altiéres,
Les montagnes seroient d'inutiles barriéres.
    Il attaque combat, tonne, écume, frémit,
Pousse, presse, soutient, brûle, souffle, gémit,
Tourne, écarte, repousse, & sans relâche agite
Au branle des planchers l'Amazóne interditte.
    Tandis qu'elle s'oppose à ces transports fou-
    gueux,
Et remet les esprits de leur desordre affreux,
Les mains entre ses flancs & ses cuisses pas-
    sées,
Et jusques sur sa Motte heureusement glissées
Lygdame la souleve, & d'un prompt mou-
    vement
Sur la rive du lit la porte adroitement.
    Là, sous son Ventre nud la tenant renversée,
Ce Guerrier à l'assaut monte Pique dressée :
Venant à découvrir entre d'obscurs détroits,
Dans un Vallon humide, au fond d'un sombre
    bois,
Du canal des plaisirs l'embouchure charman-
    te,
Dont les bords revêtus d'une gaze éclattante,
Sont toûjours humectés par des flots de Nectar.

Dans la Fente vermeille il enfonce son Dard,
Horrible, vaste tronc, poutre immense, effroya-
        ble,
Q'aucune main jamais ne trouva maniable.
    Déja la bréche faite, il se ruë au travers
Des portes & des seüils de toutes parts ouverts :
L'irrévocable trait, le trait à triple face,
Fond, vole, & s'avançant par de libres espaces,
S'engouffre jusqu'au poil dans l'abîme profond,
De la vaste Matrice il penetre le fond,
Et renversant des nefs les charnelles murailles,
Court se précipiter par de-là les entrailles :
On entendit craquer les tendres ossemens,
Et l'Antre retentit d'un doux gemissement.
    L'Héroïne, à ces coups, plus ferme & plus
        terrible
Resiste, se deffend, montre un cœur invin-
        cible,
Et tant que le dépit, le courage & la voix,
Et le ferme rempart de ses cuisses en croix
Peuvent la soutenir ; elle s'ébat, menace,
Et contre son Rival s'éleve avec audace.
Mais ces bonds furieux sont comme autant de
        pas
Qu'elle fait vers l'instant marqué pour ses é-
        bats.
Tandis qu'opiniâtre, indocile, enragée,
Elle deffend l'abord de la Place assiégée ;
Sa resistance même, & son courroux brûlant,
Applanissent l'entrée au Dard de l'Assaillant,
Chaque trait repoussé lui fait une blessure
Qui de l'Antre profond élargit l'ouverture.
    C'est ainsi que s'agite aux Climats Afriquains,
Une horrible Lionne, effroi des champs voi-
        sins,
Lorsque dans son repaire elle se sent pressée.

Par l'éguillon fatal d'une lance enfoncée.
La bête furieuse à l'aspect de son sang
Ressent bien moins le trait qui lui perce le flanc,
Que l'irritant depit de sa triste impuissance ;
Tandis que dans sa chair le javelot s'avance,
De la dent & de l'œil menaçant le Chasseur,
Elle éclatte, bondit, s'élance avec roideur,
Et reçoit plus avant le fer qui la déchire.
    L'Amant plein d'une ardeur que le succès in-
     spire,
Aux lévres de Chloris cuëille mille baisers,
Du Dédale amoureux parcourt les doux sen-
    tiers,
Et livré sans retour au feu qui le devore,
S'escrime de son Dard, frappe & refrappe en-
    core.
    Sa Rivale gémit à ces terribles coups,
Et sentant que l'Amour a vaincu son courroux,
Déja teinte du suc de la Verge empourprée,
Déja l'air caressant, & la vûë égarée,
Elle s'en veut d'avoir resisté si long-tems,
Et taxe de rigueur ses ongles & ses dents.
    Lygdame alors s'arrête, & soit que par la vûë
Le plaisir en son cœur trouve une libre issuë,
Il regarde Chloris, il contemple ses yeux,
Phénomenes brillans, Phosphores radieux.
Il contemple sa bouche & ses lévres de roses,
Et de son tein vermeil les fleurs toûjours éclo-
    ses ;
Par ce Divin regard rempli d'un feu nouveau
Il recommence un jeu qui lui semble si beau,
Et redouble à grands coups ses secousses hardies.
    L'Amazone saisit de si tendres saillies,
Et dans un beau transport goûte, avale à longs
    traits
Un torrent de douceurs & de charmes secrets.

Déja les deux Amans embrâſés de luxure,
Savourent des plaiſirs l'amorce la plus pure,
De tendreſſe & d'Amour leurs cœurs ſont en-
   flammés,
Et d'une vive ardeur leurs regards allumés,
Chaque coup produiſant une bleſſure aimable,
Fait paſſer en leur ame un charme inévitable,
Et le délire heureux de leurs ſens enchantés
Les plonge tous entiers au ſein des Voluptés.
   Cependant du Guerrier les forces dépériſſent,
Déja ſon tein flétri, ſes yeux qui s'obſcurciſſent,
Ses ſouffles redoublés, les élans de ſa voix
De l'amoureuſe lutte annoncent les abois.
Dès qu'il ſent expirer ſa joye & ſes délices,
A ſon aide appellant de nouveaux artifices,
Donne, donne, dit-il, la langue à ton Amant,
Perfide. Elle obéit, & fond rapidement
Sur l'Email embrâſé de ſes lévres mourantes,
Elle cüeille ſes vœux, ſes tendreſſes preſſantes,
Et les brûlans ſoupirs de ſon cœur immolé.
Lui, d'un tendre lien ſur ſa bouche colé,
Dans ſes flancs échauffés, dans ſon Sein tout de
   flâme
Verſe à flots boüillonnans ſon tonnerre & ſon
   ame.
   Pénétrée au-dedans ce Foudre fondu,
Chloris ſent tout d'un coup ſon corps roide &
   tendu,
Et dans ſes bras croiſés tenant ſon Adverſaire,
D'une fougueuſe chaîne elle l'étreint, le ſer-
   re,
Et le terraſſe enfin. Le chaud & tendre Amant
Reſté preſque ſans voix, ſans poux, ſans mou-
   vement,
Saiſi du froid mortel de ſa vigueur éteinte,
Et du nœud qui les joint lâchant la douce étrein-
   te,

Cesse, cesse, dit-il, perfide, je me meurs.
A ces mots il succombe à ses tendres langueurs,
Et pâmé des excès d'une amoureuse joye,
Devenu de son feu la victime & la proye,
Il tombe pésamment sur le Sein de Chloris,
Sa parole aussi-tôt fuit avec ses esprits,
Et son dernier soupir imite un coup de fou-
    dre.
    Non, dans un tel désordre on ne sauroit re-
    soudre
Qui des deux reste enfin ou vainqueur ou vain-
    cu,
Chloris a succombé, Lygdame est abbatu,
Et la Victoire étend ses aîles incertaines.
    Vous, qui de l'Univers tenés en main les rê-
    nes,
Qui la Couronne au front sur les Thrônes af-
    sis,
Réglés tous les Mortels à vos loix asservis,
Vous Rois, vous Souverains, quel démon vous
    anime,
Par quel fatal amour du désordre & du crime
Traînés-vous vos Sujets dans l'horreur des ha-
    zards ?
Pourquoi leur faites-vous sur les traces de Mars,
Essuyer des dangers, des morts & des rava-
    ges ?
Pourquoi rougir les champs de meurtres, de
    carnages,
Etonner les Cités par des bruits éclattans,
Et dans des flots de sang plonger les Habitans ?
    Voulés-vous reprimer ces guerres assassines,
Du monde chancelant reparer les ruines,
Et ramener la paix chez les tristes humains ?
Retenés, retenés vos sanguinaires mains,
Et tournés vos regards sur nos Chants Poëti-
    ques ;

Ce font là les combats & les fiéges uniques
Que vous devés, ô Roys, méditer nuit & jour.
   Enfans trop fortunés, chers fupôts de l'A-
    mour,
S'il eft vrai qu'en ces tems les filles de mémoire
Ne nous ont point donné pour chanter votre
   gloire
De fragiles archets, & des fons impuiffans,
Ni couronné nos fronts de lauriers indécens,
Vos facrés noms écrits dans les faftes des âges,
Des ans injurieux braveront les outrages,
Et les Mufes pour vous animant leur pinceau,
Vous feront triompher de l'oubli du tombeau.
   Tant que des Nations à fes pieds enchaînées
La France réglera les hautes deftinées,
Des deux mers fous fes loix verra les flots u-
   nis,
Que l'Aigle & le Lyon rendront hommage aux
   Lys,
Chloris & fon Rival, les Vers & le Poëte
Vivront & du Lethé fuiront l'Onde muette.
   Jamais Penthefilée au pied des murs Troyens,
Combattant contre Achille à la face des fiens
Ne fe verra chanter fur un ton plus fublime ;
Jamais fur les remparts de la haute Solime,
Tancredes menaçant & Clorinde en fureur
Clorinde dont la Terre a pleuré le malheur,
Ofant par les éclairs du fer & de la flamme
Deffendre de leurs jours la précieufe trame,
N'auront pour célébrer leur courroux généreux
Des accords plus hardis & des fons plus pom-
   peux.
Admirant quelque jour ce merveilleux ouvra-
   ge,
Ce Combat monument & d'Amour & de ra-
   ge,

Nos Neveux attendris par de si doux accens
Du Cygne Mantuan négligeront les chants.
Et moins éclattera cette guerre fatale,
Et ces combats livrés dans les Champs de Phar-
    sale,
Où jadis les Romains ennemis des Romains
Pour leur propre ruine armoient leurs tristes
    mains.
    C'est ainsi qu'aux beaux jours de ma vive Jeu-
    nesse,
Tenant audacieux des joûtes de Cypris,
Je montrois en luttant ma force & mon adres-
    se,
Toûjours sûr d'emporter la couronne & le
    prix.
Mais quel demon jaloux enchaîne mon coura-
    ge ?
Infortuné Guerrier, je languis sans vigueur.
Ma Pique dans mes mains ne m'est d'aucune u-
    sage,
Sa triste vûë accroit ma honte & ma douleur.
    Un jour que de Venus l'amoureuse trom-
    pette
M'appelloit au Combat sous ses brillans dra-
    peaux :
Reste, dis-je tout bas, reste débile Athlete,
Tu n'es plus propre aux jeux qu'on célébre à Pa-
    phos.
Que sont donc devenus les traits de mon visa-
    ge ?
Mon air si furibond par l'âge est effacé,
Et mon miroir aulieu de ma premicre image
N'offre à mes yeux mourans qu'un phantôme
    glacé.
    Tout a changé de face en mon malheur extrê-
    me,

J'ai beau me rappeller ce qu'autrefois je fus ,
Sans pouvoir me trouver , je me cherche moi-
même
C'en est fait , on m'ignore , & je n'existe plus.]

ELEGIA.

SParsa mihi gelidis variantur tempora canis ,
    Defiit , heu ! fervens impetus ille meus ;
Non animi non exta furunt , minus urget Apol-
    lo ,
    Ipfe mihi videor paffibus ire minor.
Omnia ceffarunt annis domitata fuperbis ,
    Ora , manus , oculi , pectora , crura , pedes.
Tu quoque formofis toties laudata puellis ,
    Tu quoque , proh facinus ! mentula lenta
    jaces.
Eheu ! lenta jaces miferè pars optima noftri ,
    Optima pars ægros apta levare thoros ,
Quæ potes afflictas reparare propagine terras ,
    Quæ genus omne novas , quæ genus omne
    beas ;
Quæ mihi per totas vigilabas incita noctes ,
    Quæ mihi guttatim gaudia longa dabas.
Prima quies thalami , nuptarum prima vo-
    luptas ,
    Prima Pharetrati follicitudo Dei ,
Prima capillatæ dulcedo , faporque juventæ ,
    Prima puellaris cura , laborque manus ,

Primus amor puero, primum solamen adulto,
   Prima lacertoso cuspis & hasta viro:
Cætera cessarent, constans tu sola maneres,
   Nulla mihi misero justa querela foret.
Sed queror, & justæ veniunt ad plecthra que-
      relæ,
   Omne bonum nutu statque caditque tuo.
Tu sceptrum quo vita valet, quo gaudia re-
      gnant,
   Tu vigor & robur, tuque virilis honor,
Tu mihi curarum requies, tu mascula virtus,
   Tu mihi præcipuum, magnificumque de-
      cus.
   Felices homines longo quibus arrigis ævo!
   Hos ipsos animus cælicus intus agit;
Hos opifex rerum meliori condidit agro:
   Nos sumus argilæ deterioris opus,
Nos aliæ struxere manus, nos fallimur usu,
   Dum cadis, & recto vertice stare negas;
Me miserum! qualis nunc es mea mentula
      qualis?
   Dum video, doleo dicere qualis eras.
Hoc quoque dat querulo voces, gemitumque do-
      lori,
   Quod breve non fueras, nec mihi germen
      iners.
Ah! mihi qualis eras, quæ vis, quæ forma,
      quis ardor!
   Largiti dederant munera magna Dii.
Spumea, torva, ferox, semperque ferire pa-
      rata,
   Ire minans semper, fortiter ire minans:
Cum caput extuleras, cum tensâ mole rigebas,
   Quæ totam caperet vix fuit ulla manus,
Cum dulces aditus peteres, cum funsta redires,
   Quæ non laudarit, nulla puella fuit.

Cum te penfaret, ftupuit mammofa Lycoris,
   Cum te vidiffet Magdala, dixit io!
Te memorant Braccata Chloës, te Philis &
   Ægle,
   Philis adhuc nimio vulnere tacta dolet.
Si fuit immotâ folidum compagine limen
   Haud impellenti reftitit ullus obex.
   Quæ fic murales impegit machina turres?
   Aut aries durum vertice fregit opus?
Tunc ego Pergameos potuiffem fternere muros,
   Tunc ego perfoffum frangere victor Athon.
Ah! ubi defifti, digitis tractabile fulmen,
   Fulmen quo quondam Jupiter alter eram.
Nunc vapor exilis, magni nunc fulminis um-
   bra,
   Nunc levis & dempto frigidus igne cinis:
Te quondam moles, te robur ad aftra ferebant:
   Tunc ibam plenus dotibus ipfe tuis.
Nulla dies, nec ftrage tuâ, nec laude vaca-
   bat;
   Victor erat femper, te duce, nofter amor.
Excitor è multis unum memorare triumphum,
   Tempora lætitiæ fæpe referre juvat.
   Præfentis medicina mali fit capta voluptas,
   Et dolor à geftis fæpè levamen habet.
Non vos Aoniæ pudeat, mea numina, Mufæ,
   Dicere non cafti molle laboris opus.
Turpe nefas femper non eft humana libido,
   Et fuus in blandis eft quoque rebus honos.
Eft aliquid feciffe aliquid, quod carmina di-
   cant,
   Quodque viri faftis nomen habere finant.

PROVOCATIO AMATORIA
LYGDAMI
ET
CHLORIDIS.

Chloris erat, memini semperque meminisse
    juvabit,
  Chloris erat miris scita puella modis.
Lis fuit an subigi renuens, invitaque pos-
    set
  Pugnans cum nudo nuda puella viro.
Cedet, ego dixi, subito penetrabitur ictu,
  Semper erit facilis nuda puella labor.
Falleris, evadet, dicebat callida Chloris,
  Irritus est ictus, si movet illa latus.
Vir tenet amplexu, dicebam concitus ipse,
  Dumque tenet, mulcet, dirigit, aptat, a-
    git.
Dissipat amplexus, & habet quoque femina vi-
    res,
  Non ita torpemus, subdidit ipsa mihi.
O validam, dixi, quæ sic per verba trium-
    phas!
  Inguine tu viso castra petita dares.
Illa furens animo, dictoque accensa proca-
    ci,
  Improbe, quid cessas, experiamur, ait.
Dixerat, atque sinu tunicam dissolvit & omni
  Protinus objecto tegmine nuda fuit.

O niveos artus ! ò pectora firma papillis !
   O femora ! o clunes ! o loca digna Diis !
Numina quæ tales potuistis condere formas,
   Quam vobis habiles sunt in amore ma-
     nus !
Non vos æthereos orbes, non igne coruscos
   Ambigo sidereos composuisse globos ;
Vos freta, vos terras, vos regna micantia, Cæ-
   los,
   Omnia fecistis, nuda puella probat.
   Ast ego, ne pulchram segnis remorarer ami-
     cam,
   Nudus & investis protinus alter eram.
Campus erat thalamus, spectabat fida Clime-
   ne,
Et Lyris, & tortis Myrtala fusca comis.
Quoque recumbentes, junctim confligere pos-
   sent,
   Adfuit auratus, mollis arena, thorus :
Sed puduit stratos tantum committere bellum,
   Arma gradu stantes contrà movere parant. —
Quis mihi mirandam conanti dicere pugnam
   Murmure bellisono carmina plena dabit ?
Et Chelys, & lentæ valeant cum pectine chor-
   dæ,
   Ite leves : elegi, da mihi, præbe tuam.

PROVOCATIO AMATORIA
LYGDAMI
ET
CHLORIDIS.

POEMA.

Jam positis utrimque togis, jam corpora nu-
    di,
Constiterant ambo, furiales mentibus ambo,
Lygdamus & Chloris. Nudo committere Marti
Stat decus ambiguum litemque absolvere pu-
    gnâ,
Plus ne cupidineâ valeat congressa palestrâ
Inguinis armati rabies, an fœmina nollens.
Par utrique vigor, validis par impetus annis,
Robustique artus, primoque in flore juventæ.
Ardentes pugnant animi, furor æmulus urget,
Urget lascivo flammata Cupido veneno.

    Illa renudatis formose torva capillis
Prosilit in medium, nodo flammante revincta
Assurgunt in fronte comæ, fulgore coruscant
Lumina vibranti; non pensilis aure lapillus,
Non teretes collo gemmæ, ne septa retardent; —
Exuerat, demptoque sibi dimiserat usu.
    Unica purpureo vestitur sura cothurno;

Cætera

Cætera membra patent , nivibus stat plena glo-
     batis
Candida massa sinu , purâ de luce renident
Et clunes & molle latus , lucetque , micatque
Inter utrumque femur tonsis insigne labellis
Fissile propudium ; si se tueatur , & artus
Expendat , flammis incenditur ipsa protervis:
Sic oculis , sic fronte procax , habituque mi-
     nanti
Consistit medio bellatrix succuba campo ,
Oppositumque ferox se se componit in hostem.
   Ceu prope sanguineas animose staret Amazon
Thermodoontis aquas , Goticumque arcere pa-
     raret
Agmen , & objectâ ripam deffendere petrâ
Hostica terribilem fractura in colla bipennem.
   Ille amens , nudæ viso fulgore puellæ
Perfurit , impatiensque moræ , plenusque me-
     dullâ
Se locat adversum , moles spectanda , tumensque
Detunicata caput , visu mirabile monstrum ,
Mentula stat rigido furialiter horrida collo ,
Attollitque truces rictus , & vertice spumat.
   Quâ subeat , quâ parte premeat , quâ tendat
     & instet ,
Prospicit & validos lumbos ostentat & artus ;
Seque aggressurum procursurumque minatur.
   Ceu staret Libycâ pugnam facturus arenâ
Claviger Alcides , humeros , immensaque nudus
Pectora , cum magnis transversum ambire la-
     certis
Pergeret Anthæum , fractumque elidere costis.
Jam stimulis accensi animi , jam corda tume-
     bant ,
Jam vesana manu dederat sua signa libido ,
Cum ferus incursu rapidâque citatior aurâ

D

Lygdamus erumpit mediam pressurus, ut altè
Impetat, & primo trajectam vulnere fundat,
It cupidus, gaudensque ruit. Stat Chloris eodem
Limite quo fuerat solidis firmissima plantis,
Et rigidas protensa manus, venientis in ora
Unguibus illaruit pugnax; caput ille gradum-
 que
Iratus retrahit, turbatum vafra puella
Disjicit, & gemino super incutit improba pugno.
Increpuere manus, pedibusque applausere Mi-
 niftræ;
Risit & à summâ laudavit nube Cupido.
 Ut furit à captâ quem reppulit aure juvenca
Efferus, & vecors, rabie cæcante, molossus,
Itque iterùm frendens, latratu major, & illam
Assilit immites mersurus sanguine dentes;
 Sic agitur, turbi furias agitante repulsâ
Iratus juvenis rursùmque protervus in hostem
Irruit; illa gradum mutat, primumque ruentis
Assultum mansueta fugit; redit ipse premitque
Acrior ut teneat, manet illa, fremensque
Amplexus rejicit, fit pugna, pedesque manusque
Intendunt contra, connixaque brachia frangunt.
 Quis varios flexus, indeprensosque recursus,
Quis properas cumulare fugas, repetitaque posset
Omnia sollicito conamina pandere versu?
Non ego sufficiam mediâ licet arce sederem
Altus hyampeâ, toto præcordia Phœbo
Plenus & extensis me ferret Pegasus alis.
 Vi tandem superat juvenis, laterique lacertos
Implicat, & validis pressam complexibus arctat,
Ventre terit ventrem, collimat pectore pectus,
Mucronemque ferrum, & torvâ cervice rigen-
 tem
Dirigit ad pubem (quantumque irata juventus
Et quantum poterat laxata furore libido)

Pellit & impingit ; facerctque . . . . . sed invidâ
    fallit
Conantem mensura virum, nam fronte puellam
Altius & superans, digito ferit altior uno,
Et redit incussum fraudata cuspide telum,
Dum tenet, & vacuo frustratur Lygdamus ictu.
    Ne quicquam rigidos conata abrumpere ne-
    xus,
Illa furit rabiens, dentesque minatur & ungues
Ni levat amplexus, illataque vincula solvat.
Tene, ait iratus juvenis, nequissima, tene
Dum teneo, solvam ? Teneo, semperque tenebo;
Donec eam misso totus per viscera telo,
Transfossamque tuæ tradam curare Climenæ.
Solves, inclamat, solves, furibunda puella ;
Atque ungues, dentesque rotat, morsuque ma-
    nuque,
Colla, genas, vultum, crines discindit & aures,
Dilaceratque ferox miseram sine lege juventam.
    Jam vulsæ cum fronte comæ, jam sanguine stil-
    lant
Ora, rubentque genæ, crebro jam livida morsu
Colla humerique tument, jam sævior illa gemen-
    tem
Opprimit, inque oculos fodientibus unguibus in-
    trat.
Quid faciat miser ? amplexus & brachia laxat ;
Et sua crudeli dimittit vota dolori.
Infelix juvenis, sævo male condite fato,
Diriperis morsu, rumpunt tua gaudia dentes ;
Et tuus imbelli præscinditur ungue triumphus.
Evasisse manus, nodosque exisse protervos
Exultat Chloris ; Dominam sudore madentem
Myrtala desiccat, vultumque, & pectora ter-
    git.
Ille thoro acclinis, suspiria pectore ducens,

D 2

Exhaustas vires, animumque resumit anhelum
Confractus, sed sævus adhuc; nunc crine revul-
 sam
Pertentat frontem; diro nunc turgida morsu
Brachia, nunc imos palpando interrogat artus.
　　Haud secus Hircaniæ nemorosa per avia sylvæ
Tigride congressus, sævæ post horrida pugnæ
Ludicra, maternâ stratus respirat in umbrâ
Turbatâ cervice leo, trahit ilia fessus
Ore supinato, dementatusque triumpho
Impexas horrore comas, & vulnera lambit.
　　Sed brevis illa quies; eventu læta secundo
Scilicet insultat victrix, conversaque tergum
In faciem miseri, fœdo turpissima ludo
Huc illuc trepidans, niveas obversat agitque
Gesticulosa nates. Furiatur imagine visâ
Lygdamus, & pernix inopini turbine, saltus
Occupat à tergo, natibus quo repente veretrum
Applicat horrendum. Clamat deprensa puella.
Accurrunt famulæ, quarum sic blanda Clime-
 nes,
Non hunc, ô juvenis placidum conscendere cli-
 vum
Facta tibi ratio: sacer est, procul impia tela
Auffer, & admissâ pugna certamen arenâ;
Sic ait, hærentem socia, multumque furentem
Ægre divellunt, pulsumque in signa remittunt.
Improba progenies, turpi de stirpite germen
Furcifer infamis, nostris indigne lacertis
Vociferat magno clamosa puella tumultu,
Demulcetque manu pavidum sibi blandula cli-
 vum.
　　Ille nihil parcit dictis, & jurgia ridet.
Ast immane rigens, olfatu collis odoris
Turrificata tumet formîque aptata trabali
Amplior horrendum protendit mentula cunum.

Quanta queat vastos Thetidis spumantis hyatus,
Quanta queat priscamque Rheam, magnamque
     parentem
Naturam solidis naturam opplere medullis,
Si foret immensos quot ad astra rotantia currunt
Conceptura globos & tela trisulca Tonantis,
Et vaga concussum motura tonitrua mundum.
   Talis, opinor, erat bello ductata proboscis
Quæ venit fractas olim metuenda per Alpes
Bellua quæ Latio turritâ mole minantem
Intulit Annibalem, trepidam cum posceret Ur-
     bem,
Et Capitolinas dejectum vaderet Arces.
   Attonitus rigidæ miratur Lygdamus hastæ
Incrementa suæ; spectat lasciva puella
Et placitura sibi crevisse pericula laudat.
Ne species fallant oculos, it blanda cavensque
Membrosam tactura feram; spumosa madentes
Illa levat vultus, & formidabile ringit.
Tunc suprema parans audaci fata puellæ
Stat juvenis mediâ miles plagosus arenâ,
Utque erat avulsis maculosâ in fronte capillis
Strage sua informis, ruptos ad sidera vultus
Tollit, & emissâ supplex sic voce precatur.
   Nata mari, gemini mitissima Mater Amoris,
Diva Venus, cui pulchra Gnydos, cui Cypria
     tellus,
Cui sunt Idaliæ regnata sacraria sylvæ;
Si non immeritus validos tua castra per annos
Ipse sequor miles, si te non sæva voluptas
Delectat, mollesque juvant sine vulnere risus,
Hoc caput, hos crines, hos, signa dolentia, morsus
Respice de Cælo indignans, hæc perfida fecit;
Non tibi sævities, aversaque pectora votis,
Nec tu Dardanium crudeli dente notabas
Anchysem, placidas cum te Simoëntis ad undas

Prenderet , & Phrigia te stratam duciaret in
    herbâ.
Tu facilis , semperque tuo tu pervia Marti ,
Ille licet campo ferus , & clangore tubarum ,
Terribili veniat galcâ, ferroque trilici , (mis,
Excipis horrentem , cataphractaque gaudia su-
Oscula commiscens jaculis , & strage Gelona.

    Me nudum rejicit , me mollia regna petentem
dissectat lacerum , morsuque manuque cruentans
Ista proterva ferit ; Superos immitte furores ,
Da numen viresque tuas , da tundere sævum
Pectus & infrenem telo domitare puellam.

    Si dabis expugnare trucem votoque potiri ,
Ibo peregrino memorabilis advena passu
Quò tibi solemnes Ethnæis floribus aras
Sicanus componit Erix , quo littore Coo
Lumen Apellaâ spiras Cæleste tabellâ ,
Quòque tuum celsis colitur natale Cytheris.
Flexilis è corio , conchâque notatus eoâ (tus ,
Tunc humeros circum curtus mihi curret amic-
Tunc mihi candidulâ procul aspectabile vittâ
Longum hastile manu , talis tua numina visam.
Sic tibi dona feram , calathis dabo lilia plenis ,
Et tua serta , rosas ; redolebunt thure crepanti
Culmina sacra meo , murisque dictata verendts
Auxilium dictura tuum , nostrumque trium-
    phum ,
Cerea votivi pendebit forma Priapi.   (stultas
    Dixerat. Et Chloris ; poterit ne admittere
Diva preces sexumque suum , fidamque puellam
Tradere ludibrio ? ridet, stultissime ridet,
Et tua convexo deliria jactat Olympo.

    Quod si divinas potiùs non obstruit aures
Et mavult favisse tibi, non abnuo , pergat ;
Ipsa sibi in terris Venus est pulcherrima Chloris.
    Audiit è Cælo Venus aversata superbam ;

Inspirat juveni vires, & vota secundat.
Instaurant bellum, direptis crinibus alter
Horridus, & rigidâ non exhorabilis haftâ.
Altera pertumidis, niveoque in pectore mammis
Pulchra mirabundis: concurrunt, duraque mif-
    cent
Brachia; fulmineos fuspenfo corde tremifcunt
Affultus famulæ, quaffataque tecta refultant.
    Sic duo, quá virides aperit Macaonia valles,
Poftquam pugna prior dilata cæde quievit,
Horrida connixi redeunt ad prælia tauri,
Implacidique ruunt; fpectat de rupe propinquâ
Paftor, & ire timet, pecus omne remugit ad ictus,
Et tremit attonitus ferventia cornua lucus.
    Cautior ut digitos evitet Lygdamus uncos
Invehitur, preffamque ftudet vincire lacertis
Et nocuas arcere manus; non infcia mentis
Illa fugit nexus, injectaque vincla repellit.
    Confligunt, & pugna calet, jam nulla quietis
Temperies, nullæque moræ, fortiffimus ambos
Ardor agit, curfant thalamum, redeuntque
    ruuntque.
Hic fubit, hæc cedit, tenet hic, elabitur illa,
Et ne aliquid fpatium fævo per verba labori
Tollatur, vox ipfa filet, furor omnia verfat,
Omnia verfanti traduntur membra furori,
Ignea vibratis fcintillant lumina flammis,
Ora flagrant, ardent vultus, collifa reculfis
Offibus offa fonant, impactique artubus artus,
Et veluti litui, confufaque claffica belli,
Dant animum fremitus, & murmura anhela
    laboris.
    Ut videt indomitam juvenis nec robore jufto
Poffe coerceri, dubio varioque recurfu,
Callidus ambiguam flexus per mille fatigat,
Inde cito rapidus gyro bis luftrat, & ambit;

Inque latus dextrum, dum fronte subire minatur,
Insilit & totâ complexus mole catenat.   (tes,
Non fera tela, manus, non arma frementia, den-
Tunc miseram juvere sui, compressa residunt
Brachia, & obliquus contemnit vulnera vultus.
Nunc ait, exsolvas pœnas frontisque comæque
Pernicies infesta meæ ; Venus alma precantem
Audiit, & frendens impellit pronus, ut alto
Acclinet lecto, pugnat, contraque puella
Nititur, alterno vergentes pondere nutant.

   Haud aliter geminæ, soboles excelsa, Cupressus
Quas juxtà positas altis in montibus Idæ,
Hinc notus, hinc boreas adversis flatibus urgent,
Dant latus & redeunt replicantibus acta lacertis.

   Illa retro tandem compellitur ire, graduque
Cedere converso, cedentem pellit, & instat
Lygdamus, apulsamque thoro pressissimus angit,
   Quis tibi nunc meritas juvenis fortissime,
    palmas
Præripiat, plenis victoria palpitat alis.
Urge, age, palantem confige medullitus hostem,
Scande triumphali Capitolina proxima cursu ;

   Scanderet, urgeret, toto configeret ictu,
Sed mutare vices, & fallere docta puella
Furtive obliquat crures, femorique sinistro
Impositum duplicata femur, velut aggere ducto
Obserat accessus, internaque claustra tuetur.

   Ille ubi stare novi sensit munimina valli,
Eloquio (nec enim manibus queis presserat uti
fas erat) eloquio dulci, teneráque querelâ
Emollire parat. Quid adhuc asperrima votis,
Quid pugnas? Obsistis, ait, sat cædis, & iræ,
Sat pugna, liceat dulces cognoscere risus
Qui dentes huc usque tuli ; si vulnera spectas
Tu prior, & felix nostro de sanguine vincis ;
Posterior venio, palmam permitte secundam.

[Quæ primam jam certa tenes , cum vincere do-
    nas ;
Te primum viciſſe probas , & gaudia perdis
Dum vinci te poſſe negas. non barbara cultu ,
Non ſylvis nutrita feris , non horrida viſu ,
Sed formoſa precor , cariſque revincta catenis
Pectora poſſideo.Poſſem diſcerpere crines ,
Et poſſem niveas morſu violare papillas
Exudiumque meum , duroſque rependere dentes,
Sed parco , ſed malo pati , quam ſumere pœnas ,
Quam nocuis fœdare notis , hæc ora genaſque ,
Hos fulvos oculorum orbes , hæc ubera pœnis
Delicioſa meis , noſtroque excercita bello.
    His oculis potius , niveis his oſcula mammis
Inſigam potius , vos oſcula carpite mammæ ,
Oſcula vos oculi , roſei vos carpite vultus.
Hæc vobis oculi ; vobis hæc oſcula mammæ ,
Hæc iterum vobis , vobis hæc altera vultus.
Sic mordet , ſic ora tuus tibi ſauciat hoſtis ;
    Hæc fatur ; roſeiſque genis , niveiſque papillis
Oſcula continuat , geminatque quot aurifer hortus
Pœna tulit , quot habent Peſtana roſaria flores
Quotque micant fulvis Gangelica littora gemmis.
Illa , licet deſintque manus , ſupraque prematur ,
Abnuit indignans , vultu que averſa labriſque
Se negat , & torquet , dulceſque infrendit in ictus.
    Ut requie , ſpatioque dato , formoſa quievit
Tempeſtas ; non hoc , non hoc , turpiſſime , dixit ,
Me pacto vinces , precibus licet excita ſtultis
Illa polo veniat labens , & nota Dearum
Bellatrix obſcœna Venus , moreſque modoſque
Suggerat , unde ſuum ſolita eſt mulcere gradi-
    vum ;
Ipſa favet , noſco , preſſiſti brachia , vires
Ipſa dedit , non vota tamen , non vota tenebis ,
Si dentes , ungueſque jacent , habet altera Chlo-
    ris

Spicula, quæ fædum merito vibrentur in hostem,
Perdite, turpis, iners, hoc quo ego plurima
  possum
Fulmine te ferio; dixit, visuque patenti
Jacentem juvenem felici in gutture jactu
Fulminat injecto, jaculatrix improba, sputo.
Conclamant famulæ. Rabies, furor, ira, pudor-
  que   (inurget
Exagitant miserum; pulsat, rabit, angit,
Conaturque truces femorum discindere nexus;
Quod poterat conatus erat, labor irritus omnis.
    At Venus audacis convicia sæva puellæ
Indignata pati, Cælo delabitur alto,
Cacâ nube latens oculisque impervia nostris,
Tecta subit pugnæ, campumque furentis arenæ,
Et digito intincto divinæ uligine Vulvæ
Oblinit ad geminas juvenis blandissima nares,
Auxilium virtute patens mirabile virus,
Quo si quando suum tetigit visura maritum,
Efferus, & vecors, agitante libidine fibras,
Stare loco nescit, nervos protensus & artus
Intrat lemniacam furibundo pede tabernam,
Ni fugiant, duros vadit cuneare Cyclopas.
    Ilicet ut tetigit, totâ diffunditur æde
Inguinis arcani per summa per ima meantis
Immortalis odor; veluti sua thura Sabæus
Incendat flamen; veluti perflantibus auris
Pinguis Oronthæum transpiret campus amo-
  mum,
Largaque Judeæ distilent balsama sylvæ.
    Occultum sensere Lares medicamen, & au-
  ram

Vimque hausere suam ; correptâ libidine fla-
  grant
Fulchra , thorus , thalamus , tabulaque stragu-
  la , vestes ,   (pelves ;
Culmina , tigna , trabes , aurataque tegmina ,
  Uritur , & prurit dirá tintigine Chloris ,
Vexantur famuli , scalpunt sine fine ministræ ;
Omnia (quis credat ?) tenuit non visa libido.
Sed cui jam mentem succus penetrarat inuncti
Nectaris , inque artus sese disperserat omnes ,
Acrior assultu , totis truculentior armis
Lygdamus erigitur ; non illum sæva tenerent
Mille Adamanthæis crepitantia vincla catenis ,
Non si transversum gelidis cum rupibus Ossam ,
Oppositumque truces ferrent Tytanes Olympum.
  Æstuat , infrendit , spumat , fremit , ardet ,
    anhelat ,
Disjicit , avertit , distorquet , comprimit , urget ,
Exagitatque furens thalamo trepidante puel-
    lam.
  Dum se turbatam reparat , dum sæva furentem
Repprimit , ille actis hinc inde sub ilia palmis ,
Sustulit , obripuit , rapido circumtulit orbe ,
Inde thoro inversam , spondáque supiná
  Impiger insiluit ; femora inter , opacataque
    nactus
Ostia , nectareâ semper stillantia gazá ,
Telum horrendum , ingens , nullâ tractabile
    dextrâ
Impulit & fractis intravit limina vulvis ;
  It per aperta ruens , nunquam revocabile te-
    lum

Pube comante tenus, fixumque in sedibus altis
Ima penetrato subvertit viscera fundo :
Increpuere artus, gemitumque dedere cavernæ ;
   Dum ruit irrumpens, frendet rabidissima
     Chloris,
Opponitque manus, invictaque pectora versat,
Et quantum rabies, animus, compressaque pos-
   sunt
Femora, se vibrat, contraque insurgit & audet,
Sed vires in damna cadunt, fit noxia virtus,
Dum renuit pugnatque aditus accommodat hosti,
Vulneribusque aptatur iter, dum tela recusat.
   Sic lea quem curvo deprenderit afer in antro
Venator, validáque super confoderit hastâ,
Vulnere terribilis rabiem non spicula sentit,
Dumque cruentato premitur confixa mucrone
Pugnat in adversum, frendetque, & dente mi-
   naci
Ire furit contra, recipitque in viscera ferrum.
   Successu felix, plenis capit oscula labris
Lygdamus, & toto nitens molimine, dulces
Itque, reditque vias, iterumque, iterumque re-
   figit ;
   Fixa, refixa gemit, ridetque infanda puella,
Jam mitis, motuque favens, jam blandula vultu
Jam bene compacti dulcedine perlita teli ;
Pænituit fortemque diu, validamque fuisse,
Et malè crudeles dentes incusat & ungues.
   Sponte suâ interdum juvenis subsistit, & a-
   mens
Sydereos oculos, formosaque labra tuetur.

Mox agit, & validos iterat præstantior ictus.
 Ipsa lubens patitur, secretaque gaudia gluttit,
Vulnera delectat, crescitque agitata voluptas.
Jam tremitant oculi, longo, dulcique labore
Lygdamus hauritur, jam creber anhelitus oris,
Et latus, & vultus pugnæ suprema minantur.
 Ut sensit fines, & ineluctabile fatum
Deliciis instare suis; da perfida, dixit,
Perfida, da linguam, dedit, irrupitque labello
Admoto, quæstus & dulcia verba petentis
Arripuit; tenuit, labiisque prementibus hærens,
In jecur, in fibras, inque ultima viscera fudit
Fulmineus bellantem animam. Percussa liquato
Fulmine diriguit Chloris, rabidáque catenâ
Amplexata suum, stringit, terit, atterit hostem.
 Ille relaxatis, cedente furore, lacertis,
Vix motu, vix voce potens, sta, perfida, dixit,
Sta, morior, fususque cadens in colla, beato
Pectore procubuit, fixoque immutuit ore,
Ultima terribili fremuerunt murmura labro.
 Hic fuit irarum finis. quis vixerit alter,
Non liquet, incertas librat victoria pennas,
Et pendet dubius victore jacente triumphus.
 Qui sceptro regitis populos, qui celsa tenetis
Culmina terrarum titulo regnisque potentes,
Quis furor impellit ferro committere gentes
Humanumque genus, campos, urbesque cruen-
 tas
Absterrere armis, rabidoque evertere bello.
 Ut lares à tantis reparentur cladibus orbis,
Ut pax, & miseris redeat concordia terris.

Sanguineas cohibete manus, advertite nostris
Lumina carminibus, discant hæc prælia reges.
   Laudandi juvenes, si non torpentia vobis
Plecthra dedere Deæ, nec inani tempora ne-
   xu
Enthea laurus obit, felicibus addita fastis
Nomina vos eritis, nullum vos obruet ævum,
Nullaque vos sacris adiment oblivia Musis,
   Gallia dum pelagum victrix domitabit u-
   trumque,
Dum premet imperio populos : dum regius ales
Atque leo venetus decorabunt lilia cultu,
Lygdamus & Chloris, vates & pugna mane-
   bunt.
   Nec mage cum Graïum contra pugnaret A-
   chillem
Penthesilea sacro cantabitur inclita plecthro,
Nec mage dicentur Solima sub mænibus altis
Ausi fulmineo vitam decernere ferro,
Tancredesque ferox, plorataque cæde Clorinda.
Certamen mirata novum, vestroque peractum
Marte, furoris opus, post hoc minus arma vi-
   rumque
Posteritas insana leget, minus orbe sonabunt
Bella per Emathios plusquam civilia campos.

   Sic ego, sic quondam victor pugnare sole-
   bam,
   Nunc mihi quis nocuit lævus ab axe Deus?
Infelix jaceo pertusa cuspide miles
   Arma sed ut feriant, arma pudenda ma-
   nent.

Cum nuper campo me signa tubæque voca-
    rent ,
  Ipse mihi , dixi , miles inepte , mane.
O mihi non similem ! perierunt ora furoris ;
  Et prior in speculo cessit imago meo.
Altera nunc rerum facies , me quæro , nec
    adsum
  Non sum qui fueram , non putor esse , fui.

F I N I S.

Le Défi amoureux
de
Ligdame
et de
Chloris.
—
Poëme,

traduit en prose françoise

Ma teste est deja mêlée de cheueux blancs, ce n'est plus un
Sang bouillant qui enfle mes
veines, Je n'ai plus le même courage, Je n'ai plus le même feu
mon Esprit s'affoiblit, Je marche
être plus Lentement et avec
plus de peine, La glace des
années fait tout mourir en moy,
elles ont détruit mes traits, mes
mains sont tremblantes, mes
yeux Sont Eteints, mes genouils
chancellent, toy même que les
plus belles filles ont Celebré tant
de fois, toy même ô mon vit, par
un malheur affreux Je te vois
Languissant et abbatu, tu n'as
plus de force, toy Le plus precieux des biens de cette vie périssable, Le Seul qui console et
console et Soutient ceux que La
maladie tourmente, toy qui
peux reparer les malheurs de
L'univers, toy qui renouuelle toutes Les Espèces, et qui les rend
heureuses et fécondes, toy que Je
trouuois Infatigable pendant les
plus Longues nuits, qui me procurois des plaisirs vifs et continuels, premiere Volupté des nouuelles mariées, premier Souci du
Dieu

Dieu qui porte un carquois, premier charme, et première jouiss-
ance de l'aimable jeunesse, premier soin, et premier travail de
la main d'une jeune fille, pre-
mieres delices de l'Enfant, premier soulagement de l'adolesce
premiere arme de l'homme ro-
buste et vigoureux, si j'avois
tout perdu, et que tu me fusse
demeuré toy seul me consolerois
de tout, Je ne me plaindrois
pas du sort, mais je t'accuse
avec raison, ma liqueur qui prime mes
regrets c'est en toy que se trouuent
tous les biens, sans toy les sens
nourissent, tu es le sceptre dont
la vie tire les puissances, et qui
établis l'empire des plaisirs, tu
es la force et l'honneur de l'homme, j'ay trouué la consolation
de mes chagrins, la source de mon
courage, et mon unique ornement.
heureux mortels qui bandés des
siecles Entiers c'est un feu divin
qui vous anime, le pere de la
nature vous planta dans une ton
excellente pendant qu'il ne m'em-
ploie que de la plus vile argile
d'autres mains me formirent et ne
firent de moy qu'un ouvrage fra-
gile, tu tombes, et tu refuses d'éle-
uer la teste, malheureuse, dans
quel état te vois-je aujourd'huy

puis-je

puis-je dire sans douleur ce que tu
as été! ce qui redouble l'amertume
de ma peine, et la vivacité de
mes regrets, c'est ta longueur et
ton incomparable activité, et, que
n'étois tu pas, quelle force quelle
beauté, quelle ardeur! magnifiques présens des dieux; toujours
courant, fier terrible, toujours
prêt à combattre, toujours menaçant: Quand ta tête s'élevoit
Quand tu roidissois ta masse
énorme, il n'y avoit point de
main qui pût te contenir, Quand
tu te glissois dans les agréables
détours, et que tu en sortois avec
gloire, Jamais aucune fille ne
te refusa des éloges, Lichoris fut
saisie d'effroi en te prenant avec
la main, magdala s'écria d'ad
miration en te voyant, Chloé alla
ses bracelets, Philis et Eglé ne
t'oublieront jamais, Philis toute
ensanglantée de la large blessure
que tu luy fis; Jamais passage fer-
mé, jamais barrière si forte qu'elle
ait été, n'ont pu t'arrêter. Quelle
machine ébranla jamais les murs
avec tant de force? quel belier fit
jamais tant de ravage, il m'eust
été facile de renverser avec toy,
les murs de pergame et de percer
le mont athos. Qui es tu devenu pau
vre foudre

foudre que ma main pouvoit
rendre traitable, foudre qui m'é-
galloit a Jupiter, tu n'és plus q
qu'une vapeur legere, tu n'és que
L'ombre de le foudre redoutable
tu n'és plus que les Cendres étein-
tes, d'un feu qui pouvoit tout te
consumer ta grosseur et ta force
t'élevoient autrefois Jusque aux nuë
autres, Je marchois alors dans la
plenitude de tes graces. chaque Jour
te procuroit des éloges, et ne se passoit
point Sans un nouvel avantage,
mon amour Sous tes ordres étoit
toujours vainqueur, prenai tant de
triomphes Jen vueë rapporter on
on aime a se retracer le tems de Ses
plaisirs. Le Souvenir de la Volupté
passée Console des mal present et la
douleur est Soulagée par l'idée des
bien qu'on a éprouvé. Maures que
J'ay toujours Invoquées ne Rougissés
point de Chanter des Vers Libres, les
devirs de L'humanité ne sont pas
toujours honteux ny deffendus, et
L'honneur peut se trouver dans les
plaisirs. Il est beau, d'avoir fait quel
que chose que l'on puisse chanter ou
qui nous fasse meriter le nom d'homme dans les siecles a venir
Choris etoit une Jeune fille d'une b
beauté parfaite, et dont le Souvenir
me sera toujours present un Jour
La dispute s'etablifa pour Savoir,
une Jeune fille toute nüe pourroit resister aux effortz d'un homme egale-
ment nud, elle sera mise avici je
d'un premier Coup, une beauté n

toujours

toujours facile a vaincre, la vieille
ethroïs diroit au contraire, elle sçau-
ra s'echaper en remuant de tête,
elle évitera le coup, l'homme la
tient fortement embrassée repon-
dois-je, et pendant ce tems il va
tout doucement il vise, il prend le
tems, et se trouve dedans, la femme
a aussi des forces repondit ethroïs
elle peut se dégager des embrassemens, et nous ne sommes pas si
fort engourdies, vous triompheriez
paroles luy repliquai-je, mais a la
vue de l'aiguillon, vous cederiez bien-
tôt la place, ethroïs furieuse et
piquée d'une réponse qu'elle trouvoit
offençante s'âche me dit-elle qui-
nous empêche d'en venir a la preu-
ve, en disant ces mots elle se desha-
bille, elle montre son sein a decou-
vert, et paroit en un moment toute
nue a mes yeux. O membres d'une
blancheur de neige, O tettons fermes
et bien arrondis, cuisses et fesses di-
gnes des dieux. Dieux qui avez
pu former tant de beautés que vos
mains sont habiles! ouy vous avez
formé les globes célestes que le feu
ne peut altérer, la terre le ciel vous
avez tout formé, une belle fille toute
nue le prouve avec évidence,
pour ne pas ralentir l'ardeur de
ma belle amie je fus promtement
deshabillé, les spectateurs étaient
la fidelle climene liris et la brune
mirtale aux cheveux toujours frisés
le dit magnifique sur lequel nous

passions

pouvions nous Etendre et nous Comba[t]
tre etoit magnifique, mais tant de dé
licatesse ne paroit pas Convenable pour
une guerre aussi cruelle. nous nous dis
posâmes a nous etranger de pied ferme
    Pour rapporter un si merveilleux Com
bat que m'inspirerent des vers aussi pleins
de force, Les accens de ma lire sont trop
foibles, J'abandonne la molle Elegie, Apo
llon donne moy la trompette eclatante
    L'on avoit déja mis bas Les habits
de part et D'autre, Ligdame et Climene
etoient tous nuds, transportés d'une fureur egalle, Le Combat doit decider la
querelle, et montrer si la rage et la
fureur D'un vit bandeur peuvent triompher de La resistance d'une femme
nue. La vigueur et les forces sont
egalles, Le même age leur donne une
egalle ardeur, Leurs membres sont
Egallement robustes, tous deux sont
dans La fleur de leur Jeunesse, leur
Courage eclate, une fureur qui veut
vaincre et qui craint D'être vaincu
Les Emporte, Les desirs les plus ar-
dens Coulent dans leurs vaines, Climene
Les cheveux renoués s'avance d'un air
fier, un Ruban Couleur de feu qui retient Ses cheveux Sur Son front augmente le feu dont Ses yeux Sont animés, elle n'a point de pendans D'oreilles
Son Col n'est orné d'aucune pierre pré-
tieuse, Ces ornemens precieux luy auroient nuire, elle les auroit quittés et n'auroit
Conservé que La Couronne Couleur de
pourpre, Du reste elle etoit absolument
nüe, Son Sein blanc etoit orné de Deux
globes de neige, Ses fesses et Ses hanches
avoient l'Eclat du Ciel le plus pur. on
voit entre Ses deux Cuisses une fente
dont Les bords Sont tondus, qui rit
                              et qui

et qui l'éclate, en se regardant, en con-
sidérant ses membres, un feu d'azur
la consume elle même, sa blancheur
l'éblouit, elle anime ses propres desirs
Ainsi défiant son ennemi des yeux,
et du visage elle s'avance encore.
dans le champ d'un air audacieux
elle attend de pied ferme son super-
be adversaire, semblable a une amazone qui voit les bords du Thermodon
déja couuerts de sang, se preparoit a
d'effendre le passage a l'armiée des
getes, toujours couuerte de son bouclier
jusques a ce qu'elle eut brisé la teri-
ble trache sur la teste de ses ennemis
Lygdame hors de luy même, ébloui de
l'éclat de la belle ennemie devient
furieux, l'impatience, et les desirs
le font marcher contre son adversaire
il ne voit d'une grosseur énorme gonflé
decalotté, monstre terrible a voir. roidit son col, qui porte l'épouuante, en-
ouure une gueule effroyable. Il écume
il examine par ou il pourra donner,
sauuancer, presser, Enfoncer. on voit
ses Reins larges, et ses membres Robustes. Il paroit au moment d'attaquer
Semblable a hercule armé de la ma-
ssuë montrant a decouuert et ses épaules et sa large poitrine. s'auançant
contre Anthée pour Le serré dans ses
bras vigoureux, et L'étouffer
Deja Leurs courages Enflamés les Em-
portent Deja Les plus ardans desirs ont
Donné le signal Lygdame courre et
plus prompt que le vent rapide, Il se
Jette pour L'attaquer au milieu, plu-
tot en habile guerrier de la presence
des premiers coups, Il se precipite, plein
de desir

de desir et d'Esperance. et toujours demeure ferme dans la posture qu'elle occupie
rien n'ébranle. Ses pieds, et roidissant
ses bras, enfonce Ses doigts dans la
bouche de ce Son adversaire, transporté
de colere. Il tourne La terre et recule
Chloris rieuse le voyant déconcerté
continue Son attaque avec vigueur
les Suivantes frappent des pieds et
des mains pour applaudir, et l'amour
en rit du haut des Cieux, Comme un
dogue que la genièvre qu'il tenoit par
l'oreille a repoussé, furieux et plein
de rage revient Sur elle en grinçant
les dens et en poussant des aboyemens
effroyables dans l'Esperance de la
mettre en Sang par des blessures, de
même le jeune homme, furieux d'avoir
été si honteusement repoussé fond
encore Sur Son Ennemi. La belle
change de place et Sans S'émouvoir
évite le premier choc, Il revient La
prendre plus vivement pour La Saisir
alors elle S'arrête frémissante et furieuse, elle repousse Ses Embrassemens
Le combat s'engage. Ils roidissent leurs
pieds et leurs mains l'un contre l'autre. Il semble que leurs bras
entrelacés vont Se rompre. Qui pourroit
décrire Ces différens mouvemens, Ces
détours embarassés Ces feintes précipi-
tées et toutes les allures qu'ils Employ-
erent. Je ne pourrois Suffire a mon
Sujet. quand Je Serois assis au haut
de l'Helicon, Quand Apollon feroit
couler tout Son feu dans mes veines
et que monté sur pegaze Il voleroit
a tire d'ailes. Lygdame est enfin le
plus fort, & La prend a brasse corps
et la Serre etroitement Son ventre
est collé contre Son ventre. Sa poitrine

est collée

est collée contre sa poitrine, il dirige
son poignard redoutable et cruel, contre le conde et trois de la poitrine
et l'appuye avec toute la force que
luy donnent sa jeunesse irritée, et la
fureur de ses désirs; c'en étoit fait
mais la grandeur de sa taille rend
ses efforts inutiles, plus grand que
Chloris de tout le front il porte ses
coups trop haut d'un pouce et son
trait dont la pointe ne peut entrer
rebrousse. Il sent bien qu'il n'est pas
d'une taille egalle, il jure, contre la
grandeur de ses membres. pendant
qu'il la tient et que ses efforts sont
inutiles, Chloris qui ne peut se dégager d'entre ses bras qui luy font perdre
l'haleine devient furieuse, elle ex-
prime sa rage en la menaçant de
le mordre et de l'egratigner, s'il
ne cesse de la tenir embrassée, et de
la blesser avec son vit, comment
tu veux. s'écrie le jeune homme
irrité, tu veux la plus méchante
des filles que je te quitte pendant
que je te tiens, je te tiens et je te
tiendrai toujours jusques a ce que
je t'aye plongé mon poignard tout
entier dans le corps, et que percée
d'outre en outre je t'aye remis entre
les mains de Climene pour panser
la blesure que je t'aurai faite, tu
me lâcheras s'écrie la fille en fureur
tu me lâcheras assurement en rete-
nant ces mots elle le mord, elle l'egra-
tigne, elle luy déchire le col, les joües
le visage, luy arrache les cheveux

et les

et les oreilles, et sans pitié, ny raison le met tout en pieces, ses cheveux sont arrachés, son visage est couvert de sang, son col et ses épaules sont noires et enflées de toutes les morsures qu'elle luy a faites, ses plaintes ne la rendent que plus féroce, elle luy met ses ongles dans les yeux. Que peut-il faire le malheureux? Il lache les bras, et ses doigts cédent a ses cruelles douleurs. Infortuné jeune homme que tout autre est a plaindre, ses morsures t'ont mis en pieces, ses dens ont interrompu tes plaisirs, et ses foibles ongles t'ont empesché de triompher. Théoris saute de joye d'avoir pu s'échaper de ses mains, et d'avoir rompu les chaines qui la serroient avec tant de force. Mirtala frotte aussitôt sa maitresse baignée de sueur, elle essuye son visage et sa gorge; la dame penché sur le lit pousse de profonds soupirs, Respire, laisse revenir ses forces épuisées, tout brisé mais furieux encore, Il tate tantôt son front dégarni de cheveux tantôt ses bras enflés des cruelles morsures qu'il a recû, tantot il parcourt des yeux les autres parties de son corps, semblable a un lion qui vient de se battre contre un tigre, dans une forest d'hircanie, qui reprend haleine dans l'antre qui luy donne le jour; fatigué il bat des flancs la gueule béante & éleue les yeux, il voit en fremissant sa crinière en desordre, il leche ses blessures mais le

repos

repos qu'il prend n'est pas de longue
durée. Thérèse charmée de l'avantage qu'elle vient de remporter, fière
du succès l'insulte, en luy montrant
son cul, Ligdame remarque en
revenant tous les mouvemens de ses
belles et blanches fesses, cette vüe
le rend si furieux qu'il s'élance et
saute avec ardeur la saisit [prend]
par le dos, et sans perdre un moment luy plante son énorme vit
dans les fesses, Thérèse saisie pousse
des cris affreux, les suivantes accou-
rent, jeune homme dit la courageuse
Chimène, c'est aller contre notre mar-
ché que de monter cette pente d'arce, le lieu est sacré loing d'icy
vos armes impies, attaquès la place
qu'elle vous avès convenu d'emporter
elle dit et ses compagnes arrachent
aussi bien de la peine Ligdame qui
s'i attaché, elles obligent le soldat
de reprendre son poste. Race In-
fame, production d'une trouveuse ou
Source, digne de porter la fourche
indigne de mes embrassemens ou
s'écrioit a haute voix et aucbeau-
coup d'agitation - la belle Thérèse
en passant doucement sa main
sur son cul encore gravuable, Ligdame ne répond pas un mot
et sourit au contraire de ces inju-
res cependant son vit immense
alliéré par l'odeur de ce qu'il vient
de sentir devient gros comme une
poutre, et semblable a une tour, allas
que un cône horrible, il auroit suffi

pour toucher la gueule d'Artés
Écumante. Sous la figure d'une terrible
Lionne, ils auroient assés dechargé pour
remplir le loin de la mere nature
quand il auroit fallu la mettre en
État d'Enfanter ces astres roulans qui
parcourent des Caroles immenses, la
foudre et les tonnerres qui Ébranlent
le monde. Telles etoient de Pierre les
trompes redoutables de les Énormes
animaux, chargés de tours que l'on
disoit autrefois Annibal menaçant
Lors qu'il marchoit Contre Rome ef-
frayée, Lygdame est Étonné luy même
de l'accroissement Subit de son forme monstrueuse, La l'aseine Athée
regarde, et donne en elle même des
Éloges, a l'agreable danger qu'elle à
voit croître pour elle, et dans la
crainte que des apparences ne trompent
Ses yeux, elle approche douce et trem-
blante pour toucher Cette Énorme bête
cruelle; aussitôt Écumante elle heure
La terre en faisant des grincemens effroyables, Alors le Leune athlète se
preparant a porter Les derniers Coups,
a l'audacieuse fille, demeure debout
au milieu de l'arène et dans l'état
ou il etoit les cheveux arrachés de
Son front tout meurtri, enfin presque
defiguré, par Son dernier Combat il é-
leve vers le ciel Son visage en desordre, et fait Cette prière d'une voix
douce et Soumise. fille de la mere très
douce mere de l'un et l'autre amour
divinne Venus, a laquelle la belle
gride des champs Cypriens et les
Grecs honorés d'Italie. Sont consacrés.
Dans mes plus vigoureuses années j'ay

Suivi

suivi avec quelque merite tes Eten-
darts, Si la cruauté dans la volupté
ne te plaît point, Si les plaisirs d'elle
et sans blessures te plaisent au Contraire,
regarde avec Indignation du milieu
Des Cieux, ma terre mes cheveux et les
morsures temoins de mes douleurs la
perfide m'a mis dans Cet Etat tu n'es
point cruelle, tu ne rejettes point les
vœux que l'on t'adresse, tu ne mordois
point ainsi d'une dent cruelle l'amant
Descendant de Dardanus, lors qu'il te
tenoit sur les bords tranquilles du Si-
mois, et qu'étendüe il te rouloit sur
le gazon phrigien, Douce et facile,
tu te presentois toujours a ton mars
quoy qu'il sortit encore tout enflamé
Du champ de bataille, et qui arrivât
terrible, par le bruit des trompettes
Dont il etoit accompagné, quoy qu'il
t'abordât avec son casque et ses armes
brillantes, tu luy donnois les plus
tendres baisés, tout armé il goûtoit
le plaisir que tu faisois succeder a
la rage du combat et au Carnage
Des gelons, moy qui suis nüe elle me
repousse, elle me déchire, moy qui
ne luy demande que les plus douces
plaisirs, Cette cruelle me mord ma
propre et me met tout en Sang, donne
moy des faveurs divines donne moy
ta divinité, donne moy les forces que
te prie, par ton secours vaincre la
cruauté et luy mettre le frein qu'elle
a evité Jusqu'à present Si tu me fais
terrasser Cette fiere Ennemie Si j'arrive au Comble de mes vœux Je ferai
un Celebre pelerinage en racontant
tes merveilles, Dans les lieux où ...

Sicilien.

Sicilien Eryx orne tes autels des [fleurs]
fleurs du mont Ethna, dans l'Ile de
los, ou le Calabre Apelles a fait dans
un Celebre tableau ta figure vivante
ou bien a Lithrene ou ton Calabre ta
naissance; un petit manteau de
peau semé de Coquilles du Levant
Couvrira mes Epaules, Je porterai
une longue pique a La main ornée
de bandellettes blanches que l'on re-
marquera de Loing, dans Cet Etat
J'irai adorer ta divinité, J'irai t'offrir
des presens, Je te donnerai des Corbeil-
les pleines de Lis et des Rottes qui te
sont Consacrées, L'Encens que je bru-
lerai repandra une odeur charmante,
et pour reconnoitre ton secours et mon
triomphe Je te dedierai, et J'aprendrai
aux murs de ton temple une grosse
priape de lire. La deesse dit alors
Cthoris pourra telle ecouter Ces folles
prieres, Exposer a La honte son pro-
cedée, et une fille qui luy fut toujours fidelle, elle en rit Interieur que
tu es, elle Laisse Les marques de ton
délire Se dissiper dans Les airs, mais
non Si elle daigne t'Ecouter et quelle
veuille te devenir favorable, J'y Consens
Je ne m'y oppose point armée de
mes propres forces Je n'invoque point
Son secours, Cthoris est assés belle pour
estre Venue Sur La terre. La deesse
irritée entendit du Ciel Ces parolles
orgueilleuses, elle donna des forces
a Ligdame et Seconde Ses desirs, Ils
recommencant Le Combat, L'un avec
le peu de Cheveux qui luy restent me-

riviés d'une façon terrible, et l'on voit
roides a ne point faire de quartier
l'autre, belle, et présentant ses tettons
bouffis et menaçants sur sa poitrine
de neige, Ils tournent l'un contre l'autre
leurs bras s'entlacent avec force
les secouantes tremblant et leurs cœurs,
sont suspendus a la vüe de ces terribles assauts, La maison retentit
de leurs coups, Semblables a deux
taureaux qui dans les vertes vallées
de la mechanie s'étant reposée
de leur premier combat le recommen-
cent avec de nouveaux efforts et se
s'attaquent avec une fureur plus im-
placable encore, Le berger lève, regarde d'un rocher voisin et n'ose
les approcher, les mugissements de
tout le troupeau se mêlent a leurs
coups, Le bois étonné fromit a la vüe
de leurs cornes menaçantes. La dame
demeure plus prudent pour eviter les
ongles de son adversaire fond brus-
quement sur elle, et s'étudie a la saisir a brasse corps pour rendre le mouvement de ses bras inutile, elle trois voit
son dessein, repousse les chaines dont
il la veut lier. Ils en sont aux prises
et le combat s'échauffe, Ils ne se don
nent aucun relâche, leur mouvement est continuel. Une violente ardeur les guide l'un et l'autre. Ils parcourent toute la chambre réunis vont
sur leurs pras, fondant l'un sur l'autre
Il avance, elle cède, Il la tient, elle
s'échappe, et dans la crainte de prendre
un seul instant de la penible exercice

on ne les entend pas preferer une
seule parolle, la fureur les transporte
tous leurs membres y sont liacés ou
leurs yeux allumés jettent des flam-
mes, leurs bouches soufflent le
feu, leurs visages sont enflamés,
leurs os retentissent par le frottement
on entend craquer leurs membres
enlacés, leurs fremissemens et leurs
essouflémens animent leurs travaux
comme les trompettes et les instrumens de guerre. Lygdame voyant
que Ethonis est indomptable et qu'il est
impossible d'en venir a bout par la
force la fatigue, en feignant de l'attaquer par plusieurs endroits differens,
puis ayant fait deux ou trois foible
tour de la fille avec rapidité dans
le tems qu'il menace de l'attaquer par
devant, il la saisit par le coté droit
l'embrasse et la serre de toutes ses forces, ses mains armés redoutables
ses dents dont les morsures faisoient
fremir ne furent d'aucun secours a
l'infortunée Ethonis, ses bras saisis
perdant leurs forces et Lygdame ne
presentant le visage que de coté ne
craint point d'autre blessé. soyez enfin
punie luy dit-il, vous qu'ci m'avés
arraché les cheveux et deschiré le
visage, la celeste venus a ecouté mes
prieres: alors en grinceant les dents il
l'accable de tout le poids de son corps
pour la renverser sur le lit, la belle
tient ferme, pour s'approuer à ce dessein
elle fait les derniers efforts, ils pen-
chent alternativement suivant les
mouuemens et de l'un et de l'autre
semblables a deux grands lipris qui
voisins l'un de l'autre sur le grand

mont ida

mont Ida, et qui pressés par la Sci-
pile approché de Notus et debordé se
battent et se relevent, après plusieurs mouuemens de differens côtés
et étant forcés de reculer, ses ~~efforts~~
~~vaines~~ efforts diminuent Lygdame
redouble les siens, et la perte enfin
sur le lit, où il les sent de toutes
ses forces. Ô le plus heureux jeune
homme, qui pourroit a present t'arracher les palmes que tu merites, les
enseignes ennemies sont la âbrés ??
sous les tiennes, la victoire vôle à
toy de toutes ses ailes, presse agis
perce ton ennemie presse et epouuan-
tée, le char de triomphe te conduira
bien tôt au Capitole. Il seroit entré
dans le char, il auroit presse, percé
son ennemie, mais Lygdame sauante
en l'art de tromper, et de changer des
mouuemens, le presente de côté, et
mettant Sa cuivre droite sur la gau-
che, ferme comme un rempart bouche
l'entrée, et defend l'interieur, Lygdame a la vûe de ces nouuelles fortifi-
cations, et ses mains etant occupées
a la tenir, se prepare a l'adoucir
par des propos doux, et de tendres plaintes, pourquoy cruelle que vous étes
vous opposer encore a mes desirs? pourquoy combattés vous encore? c'est assés
de sang repandu, c'est assés, faire écla-
ter votre colere, vous aués assés combattu, que l'on puisse enfin goûter
La douceur de plaisir, moy que vos
dents, ont jusques icy dechiré, si vous
regardés les blessures dont l'auriculou??
vaut vous aués l'auantage votre vic-

toire est Scellée de mon Sang, Je ne
demande qu'à vous Suivre, et Je ne
veux avoir que le Second prix le premier vous est déja trop assuré. me
Ceder L'avantage que Je vous demande, c'est prouver que vous avez
deja vaincu, Sans cela vous en pren-
drès la Satisfaction. Ce n'est point
une barbare que Je prie, elle n'a
point été nourie dans les forets;
elle n'est point effrayante, c'est la
beauté même que J'intercede, que
Je tiens deja L'iée par de douces chaines, et dont elle ne peut Se défaire.
Je pourrois arracher les cheveux Je
pourrois noircir par mes morsures
La blancheur de Cette gorge, Je pou-
rois me vanger des maux que m'ont
fait les belles dens, mais Je vous
vous épargne, J'aime mieux Souffrir
que de vous punir, que d'Alberer
par des marques qui vous Incom-
moderoient Cette bouche Ces Joües
Ces yeux brillans, Ces tettons qui
Sont mes delices au milieu de mes
douleurs, et qui Sont tourmentés de-
puis nôtre Combat, J'appuyerai plus
tot un baisé Sur les yeux Sur Cette
gorge de neige, beaux tettons pri-
rés la baisé, beaux yeux prenés la
baisé, visage animé des plus belles
couleurs prenés la baisé. Celuy cy est
pour les yeux, Celuy La est pour les
tettons. Celuy cy est encore pour vous
Cet autre est encore pour le visage
c'est ainsi que prend votre Ennemi
Ces Sont La. Les blessures qu'il fait
au visage, en disant ces mots il apti

que sur les Joües de Rolla. Sur ses
flocons de neige, autant de baisers
que le Jardin qui produisoit de Boen
l'or, rapporte de fruits, Que les Ro-
siers portent de fleurs, Que la gorge
sur ses bords offre de pierres precieu-
ses; et trois malgré le peu d'usage
qu'elle peut faire de ses mains et a
quoy qu'elle fut absolument Sour-
d'ig d'ame, le refuse avec indignation
détourne la bouche et le visage, se
refuse, s'enroule, évite les tendres
coups qui luy sont portés: Quand un
peu de repos et de Calme eurent Suc-
cédé a cette belle tempête, tu n'est point
a[...] O la plus lâche des hommes que
tu remporteras la victoire, Venus peut
peut estre touchée de tes prieres Invete-
rées, la honte et l'Infamie des Dæver
Cette querière obscène, peut quitter l'o-
tiempe, elle peut t'inspirer les discours
et les manieres qui luy scuent a adoucir son mars, elle te favorise de la re-
vois tu m'as saisi les bras, elle te donne elle même des forces, Cependant tes
vœux, et tes desirs ne seront point Exau-
cés noneli el trois a perdu l'orage de
ses mains et de ses ongles, Il luy reste encore d'autres traits qu'elle peut
Lancer Contre son Ennemi. perds donc
toute Esperance, voila, dit-elle les foudre
que Je te Lancé, en achevant ces mots
elle Lança dans la gorge de Lig dame
qui avoit la bouche ouverte, une affreuse crachat, les Suivantes applaudi-
rent par leurs cris, l'eslage, la fureur
la colere, et la honte presentant le Jeune
homyne hors de luy, Il pousse l'orage
de la terre, Il l'aleable, et fait tous des

efforts

efforts pour écarter les lèvres entre les
têtes, ils auroient été inutiles jusques là,
mais Vénus irritée des discours insolens
de Clitoris descend du haut du ciel dans
un nuage épais qui la dérobe aux
yeux des mortels, elle arrive sur le
champ de bataille, s'avance sur la
terre où règne la fureur, elle trempe
son doigt dans son délicieux con, elle en
frotte doucement les narines de Bigdame, secours admirable! puis vante sa
vertu! si quelquefois prête à coucher
avec son mari, elle luy en fait respirer
un peu, ferioit-il hors de luy même la
flâme coulant dans ses veines il ne
peut demeurer en place, ses membres
roidis, tous ses nerfs tendus il entroit
dans la forge de Lemnos le vit si
roide qu'il auroit enculé tous les diables,
près d'Io. Ils n'auroient pris la fuite, aussi
tôt donc qu'elle eut touché Bigdame
l'immortalle odeur de son parfum
caché se répand par toute la maison,
tout autant que si les flâmes d'Abien
eut brulé ses parfums, autant que si
l'on eut respiré les douces odeurs que
les vents portent au loing dans les fertiles campagnes d'Oronte ou qu'enfin
l'on eut été dans les forêts de l'Judée où
les baumes coulent avec tant d'abonda-
ce; les Dames sentent la force de l'admirable remède, ils en puisent à longs
traits la force vivifiante, la chambre
les planchers, le lit, le bois de lit, la la-
verture, les habits, les Coussins, les murailles, les tapisseries, les poutres les so-
lives, sont imprégnés de paillardise où
Clitoris brûle, et se sentent enflamée jusqu'
dans les os du même feu; les Valets sont

accoutumés

tourmentés, Les Suivantes Se quittent
sans discontinuation, qui la croiroit a
un desir dont La violence auroit arrê-
tés qu'alors Inconnüe occupe tout ...
mais L'igdame dans L'âme du quel
tout Le Suc de La divin nectar auroit pénétré et qui s'étoit repandu dans tous
Ses membres, L'igdame dés lors encore du
plus acharné au Combat, et dont les
armes Sont plus terribles paroit avec
des forces plus redoutables, on n'auroit
pu la retenir quand on l'auroit touché
rée avec mille chaines de Diamant ou
quand Les cruels titans l'auroient enfer-
mé sous le mont Ossa et ses froides Ro-
ches, quand Ils auroient Lancé Sur luy
L'olimpe; Il Sagite, Il fait craquer
Ses dents, Il Ecume, Il fremit, Il brule
Il ne peut respirer, Il La prend La retourne, La retourne, La presse, La Secoue
et La Secoüe avec tant de Son fureur
que toute La chambre tremble; tandis
que d'Iris troublée Se remet, tandis
qu'elle Le reprou ure avec La même fureur
L'igdama La Saisit par le milieu du
corps, L'Enleve, La porte, luy fait faire
La pirouette avec une grande rapidité;
tout de Suite Il La renverse Sur le lit
et Sans prendre un moment Il Saute des
d'arves, et trouuant un passa qu'autre
Les Lévres dans L'endroit d'où découle
Sans cesse un nectar precieux, Il La=
fonce Son vit Cet Enorme vit, qu'aucune
main n'auroit pu empoigner, et Les=
portes etant brisées Il entre dans Le beau
lieu, Le trait que rien ne peut retenir
S'enfonce Jusques au poil dans La Large
oucerture qu'il a faite, et pénetre Jusqu'au fonds des Entrailles; Ses membres

en

en craquièrent, la caverne retentit de
l'impétuosité du loup, et Mevis frémit de
rage, elle oppose ses mains, sa gorge
invincible rebondit, et tout autant que
le courage et la rage peuvent donner
de force a une femme qui se voit prise
elle se tourne, elle s'agite, elle pousse
et tente tous les moyens, mais ses forces tournent a sa perte, son courage
luy devient inutile nuisible, elle refuse,
elle combat, et facilite l'entrée a son
ennemi, elle veut éviter le trait et
l'enfonce dans sa blessure, semblable
a une lionne d'afrique que le chasseur
a surpris dans son antre, et qui a percé
d'un trait vigoureux, la blessure l'a fait
entrer en fureur, et sans sentir son mal
elle avance contre le fer ensanglanté
qui s'enfonce davantage, elle rugit
menace de la dent, se précipite dessus
et conduit la pointe du javelot jusq-
ques dans ses entrailles, Lysdame heureux par son succès prend des baisers
a pleine bouche, donne de toutes ses
forces, va et revient dans les plus
doux sentiers, le met, et le remet, l'a
mal heureux et Mevis se plaint, et rit
a la fois, elle est déjà douce, elle les
favorise par ses mouvements, elle a
déjà l'air doux, et caressant elle com-
mence a sentir la douceur du trait
renfermé, elle se repent d'avoir montré
tant de courage et tant de force, elle se
reproche la cruauté de ses ongles et
de ses dents, Lysdame s'arrête de tems
en tems, et de luy même, il regarde
avec transport comme s'il vouloit
faire sortir par ses yeux, ses feux

cachés

cachés, il considère ses yeux brillans
comme des astres, il examine ses
belles lèvres, bientôt après il agite
et pousse les plus vigoureux coups
elle les souffre avec plaisir, d'ailleurs
les secrettes joyes, ses blessures la
charment, la volupté réitérée augmente
à chaque instant déja leurs yeux
se troublent, Ligdamis est épuisé de ce
long et doux travail, sa respiration
devient plus fréquente, ses flancs et
son visage annoncent la fin délicieuse
du combat, voyant sa destinée inévitable, voyant la fin de ses plaisirs
perfide lui dit-il donne, donne moy ta
langue, elle la lui donne, elle voudroit seulement que Ligdamis trouvât
des douceurs et des plaisirs en la place
de l'épithète injurieuse de perfide—
il se jette dessus, colle ses lèvres contre
les lèvres de la belle comme un fou
il fait passer son ame qui fait
encore des efforts dans les fibres et
dans tout le corps de Chloris, frappée
de la foudre en liqueur, elle se dé-
dit la serre avec transport, embrasse
étreint, broye, écrase son adversaire
Ligdamis que la fureur ne soutient
plus, lâche ses bras, ne peut plus se
remuer, la voix luy manque, cependant il dit avec peine, arrête perfide
arrête, je meurs et se laissant aller
il tombe sans force sur son bou clin
et perd absolument la voix, sur sa
belle bouche, un dernier murmure frémit sur cette bouche auparavant si
terrible. telle fut la fin du combat on ignore

lequel

Lequel des deux a vaincu, la victoire
balance ses ailes avec incertitude,
le vainqueur étant terrassé, le triomphe
est douteux.

Vous qui regnez sur les peuples qui
êtes les plus élevés de la terre, qui
possédez des titres et des royaumes,
quelle fureur vous porte à faire prendre le fer aux nations? à l'effort épou-
vantable par vos armes ensanglantées
dans les campagnes et dans les villes
a tout renverser par une guerre animée? pour que l'univers de l'abri re-
pare de si terribles dégats, pour que
la paix et la douceur reparaissent
sur les terres affligées, retenez vos
mains sanguinaires, j'attise les
yeux sur mes vers, vois après les
combats que je viens de décrire, jeunes
gens qui meritez des éloges, si les
divines sœurs ne m'ont point donné
des accens trop languissants, si ma
tête n'est point à juste titre couronnée
de laurier, vos noms seront ajoutés aux
fastes, vous vivrez dans tous les siècles
les muses vous célèbreront à jamais
tant qu'adria possédera l'empire des
flots, tant qu'elle subsistera, tant
qu'on verra briller le lion dans ses
drapeaux. Vénitiens, si j'ai daigné et la
Citroie, leur combat, et celui qui les
a chantée subsisteront la fameuse
prent tersilée, pour avoir combattu le
grec Achille ne sera pas plus chantée
que vous, le cruel Tancrede et l'infortunée Clorinde à laquelle on ne peut
refuser des larmes ne seront pas plus

célèbre

célèbres que vous, pour avoir osé les
battre l'épée à la main sous les murs
de Jerusalem. La postérité, frappée de
votre combat nouveau, et du prodige
d'une fureur si bien soutenue, jusqu'à
la fin de l'action, ne trouvera point
de héros qui vous soient comparables,
n'admirera plus leurs combats. Les guerres plus cruelles encore, que les guerres
civiles que l'on a vu dans les campagnes de Thessalie, ne retentiront plus
dans l'univers

C'est ainsi que Vainqueur je combattois
jadis, Quel Dieu m'est aujourd'huy contraire! malheureux que je suis mes
armes n'ont plus de force, quand je
porterois quelque coup il n'auroit
aucune vigueur. Il n'y a pas long
tems que les Enseignes déployées et
le son de la trompette m'appelloient
au combat, je me dis a moy même
pauvre soldat demeure: que je suis
différent de ce que j'étois, je n'ay plus
cet air redoutable, et quand je me
garde au miroir, je ne reconnois plus
mon visage tout est changé, je me
cherche, je ne me trouve point, je ne
suis plus, j'ay été, je n'imagine ne
plus être, je ne suis plus

fin